SISTEMA FISCAL ESPAÑOL

Adaptado al Programa del Grado en Economía

SISTEMA FISCAL ESPAÑOL

Adaptado al Programa del Grado en Economía

2.ª EDICIÓN

Santiago Álvarez García
Profesor titular de Sistema Fiscal Español
de la Universidad de Oviedo

2026

2.ª EDICIÓN

Ediciones de la Universidad de Oviedo.
Servicio de Publicaciones de la Universidad de Oviedo
ISNI: 0000 0004 8513 7929
Campus de Humanidades. Edificio de Servicios. 33011 Oviedo (Asturias)
Tel. 985 10 95 03
https://publicaciones.uniovi.es/
servipub@uniovi.es

Esta obra ha sido avalada por el Departamento de Economía de acuerdo con lo establecido en el artículo 8 f, del Reglamento del Servicio de Publicaciones de la Universidad de Oviedo.

Esta Editorial es miembro de la UNE, lo que garantiza la difusión y comercialización de sus publicaciones a nivel nacional e internacional.

I.S.B.N.: 979-13-87540-52-4
DL AS 0003-2026

Imprime: Servicio de Publicaciones. Universidad de Oviedo

A la memoria de mi padre

ÍNDICE

1. Conceptos impositivos básicos

1.1. Los ingresos públicos

Los ingresos públicos se definen como toda cantidad de dinero percibido por una administración pública para financiar el gasto público.

Su origen puede ser doble:

Ingresos públicos de derecho público, regulados por normas de derecho público que conceden a la Administración prerrogativas especiales en su establecimiento y cobro.

El artículo 5 de la Ley 47/2003, de 26 de noviembre, General Presupuestaria, establece que: "Son derechos de naturaleza pública de la Hacienda Pública estatal los tributos y los demás derechos de contenido económico cuya titularidad corresponde a la Administración General del Estado y sus organismos autónomos que deriven del ejercicio de potestades administrativas".

Se clasifican en ingresos ordinarios, como los ingresos tributarios, los precios públicos y los ingresos procedentes de la imposición de multas y sanciones, e ingresos extraordinarios, como los obtendios mediante la emisión de moneda o de deuda pública.

Ingresos públicos de derecho privado, regulados por normas de derecho privado que no cofieren a las Administraciones Públicas ninguna prerrogativa especial en su aplicación.

El artículo 19 de la Ley General Presupuestaria regula que: "La efectividad de los derechos de naturaleza privada de la Hacienda Pública estatal se llevará a cabo con sujeción a las normas y procedimientos del derecho privado".

También se clasifican en ingresos ordinarios, como los procedentes de la actividad empresarial pública y de los bienes patrimoniales y de titularidad pública que no estén considerados como de dominio público o uso público, y en ingresos extraordinarios, que tienen su origen en la venta de bienes que forman parte del patrimonio público.

1.2. Las fuentes del sistema tributario espanol

El artículo 7 de la Ley General Tributaria (LGT), Ley 58/2003, de 17 de diciembre, establece que los tributos se regirán:

a) Por la Constitución.

b) Por los tratados o convenios internacionales que contengan cláusulas de naturaleza tributaria y, en particular, por los Convenios para Evitar la Doble Imposición Internacional, en los términos previstos en el artículo 96 de la Constitución.
c) Por las normas comunitarias y de otros organismos internacionales o supranacionales, a los que se atribuya el ejercicio de competencias en materia tributaria de acuerdo con el artículo 93 de la Constitución.
d) Por la LGT, las leyes propias de cada uno de los tributos, y por las demás leyes que contengan disposiciones en materia tributaria.
e) Por las disposiones reglamentarias dictadas en desarrollo de las normas anteriores y, específicamente, en el ámbito tributario local, por las correspondientes ordenanzas fiscales.
f) Tendrán carácter supletorio las disposiciones generales del derecho administrativo y los preceptos de derecho común.

1.3. El poder tributario

El artículo 133 de la Constitución establece que el poder originario para establecer tributos corresponde al Estado, que lo ejercitará mediate leyes aprobadas en el Paralemento, disponiendo tanto las Comunidades Autónomas como las Corporaciones Locales de capacidad para establecer y exigir tributos, de acuerdo con la Constitución y las leyes.

Por su parte, el artículo 31.1 de la Constitución Española regula que sólo podrán establecerse prestaciones personales o patrimoniales de carácter público mediante Ley.

El principio de reserva de ley se extiende a la capacidad de las Administraciones Públicas para contraer obligaciones financieras y realizar gastos y para la aprobgación de beneficios fiscales que afecten a los tributos del Estado.

En la materia específicamente tributaria, el artículo 8 de la LGT regula los elementos de la obligación tributaria que, en todo caso, están sometidos a este principio de reserva de ley.

1.4. Principios de la ordenación del sistema tributario

La ordenación del sistema tributario español se fundamenta en la capacidad económica de las personas obligadas a satisfacer los tributos y en los principios de justicia, generalidad, igualdad, progresividad, equitativa distribución de la carga tributaria y no confiscatoriedad, tal y como establece el artículo 31.1 de la Constitución:

"Todos contribuirán al sostenimiento de los gastos públicos de acuerdo con su capacidad económica mediante un sistema tributario justo inspirado en los principios de igualdad y progresividad que, en ningún caso, tendrá alcance confiscatorio.

La aplicación del sistema tributario se basará en los principios de proporcionalidad, eficacia y limitación de costes indirectos derivados del cumplimiento de las obligaciones formales y asegurará el respeto de los derechos y garantías de los obligados tributarios".

A estos principios se refiere también el artículo 3 de la LGT:

"1. La ordenación del sistema tributario se basa en la capacidad económica de las personas obligadas a satisfacer los tributos y en los principios de justicia, generalidad, igualdad, progresividad, equitativa distribución de la carga tributaria y no confiscatoriedad.

A estos efectos, se prohíbe el establecimiento de cualquier instrumento extraordinario de regularización fiscal que pueda suponer una minoración de la deuda tributaria devengada de acuerdo con la normativa vigente.

2. La aplicación del sistema tributario se basará en los principios de proporcionalidad, eficacia y limitación de costes indirectos derivados del cumplimiento de obligaciones formales y asegurará el respeto de los derechos y garantías de los obligados tributarios".

Los principios básicos de la ordenación del sistma tributario son los siguientes:

a) Principio de igualdad, que supone la traslación al ámbito tributario del principio de igualdad ante la Ley recogido en el artículo 14 de la Constitución, que constituye una salvaguarda para los ciudadanos de una discriminación por parte de las Administraciones Públicas.

b) Principio de generalidad, supone que todos los ciudadanos estarán obligados a contribuir al sostenimiento de los gastos públicos, sin que pueda existir ningún tipo de exención o privilegio no justificado.

c) Principio de progresividad, hace referencia al reparto de la carga tributaria entre los obligados a su pago en función de la capacidad económica de la que disponen, con el único límite de la no confiscatoriedad. Ambos conceptos, progresividad y no confiscatoriedad, plantean un problema de determinación, ya que no se ha fijado ningún criterio para determinar su alcance, y se refieren a la totalidad del sistema tributario, por lo que pueden existir tributos que no sean progresivos.

d) Principio de justicia, que obliga a una distribución equitativa de la carga tributaria en función de la capacidad económica de los ciudadanos.

e) Principio de legalidad, supone el sometimiento de los tributos al principio de reserva de Ley anteriormente analizado al referirnos al poder tributario.

f) Principio de seguridad jurídica, garantía básica del Estado de derecho, implica la defensa de los ciudadanos ante las arbitrariedades en la regulación y aplicación del sistema tributario.

1.5. Los tributos

1.5.1. Concepto y clasificación

El artículo 2 de la LGT define los tributos como aquellos ingresos públicos que consisten en prestaciones pecuniarias, exigidas por una Administración pública como consecuencia de la realización del supuesto de hecho (hecho imponible) a la que la Ley vincula el deber de contribuir, con el fin primordial de obtener los ingresos necesarios para el sostenimiento de los gastos públicos.

La carga tributaria se puede repartir entre los ciudadanos siguiendo dos principios:

a) El principio de capacidad de pago, que implica que todos los ciudadanos soportan la carga tributaria en función de su capacidad económica.

b) El principio del beneficio, que suone que la carga tributaria es soportada por los beneficiarios directos de los bienes y servicios públicos en función del benefecio particular que reciben.

Conforme a estos principios, los tributos se clasifican en impuestos, tasas y contribuciones especiales:

a) Los impuestos son tributos exigidos sin contraprestación, cuyo hecho imponible está constituido por negocios, actos o hechos que ponen de manifiesto la capacidad económica del contribuyente.

b) Las tasas son tributos cuyo hecho imponible consiste en la utilización privativa o aprovechamiento especial del dominio público, la prestación de servicios o la realización de actividades en régimen de derecho público, que se refieran, afecten o beneficien de modo particular al obligado tributario, cuando los servicios o actividades no sean de solicitud o recepción voluntaria para los obligados tributario o no se presten o realicen por el sector privado.

Es necesario diferenciar el concepto tributario de tasa del concepto de precio público.

El precio público constituye una contraprestación patrimonial de derecho público, que se aplica por la prestación de un servicio o realización de una actividad por parte de una Administración Pública, que afecte o beneficie de forma especial al obligado al pago, cuando concurra una de estas circunstancias: que pueda ser prestado por el sector privado o que no sea de solicitud o recepción obligatoria por parte del receptor.

El precio público constituye un ingreso no tributario y no tiene naturaleza coactiva, ya que la actividad realizada por parte del sector público no es de recepción obligatoria por parte de los beneficiarios o se realiza en concurrencia con el sector privado. La cuantía del precio público debe ser, como mínimo, equivalente al coste de prestación del servicio público. En el caso de las tasas, su cuantía no puede ser superior al coste de prestación del servicio.

c) Las contribuciones especiales son tributos cuyo hecho imponible consiste en la obtención por el obligado tributario de un beneficio o aumento en el valor de sus bienes como consecuencia de la realización de obras públicas o del establecimiento o ampliación de servicios públicos.

1.5.2. Clases de impuestos

Existen diferentes clasificaciones de los impuestos, en función del criterio empleado para realizar las mismas.

Las principales son las siguientes:

a) En función de la base imponible como indicador de la capacidad económica (capacidad de pago) del contribuyente:

- Sobre la renta, que gravan la renta generada en el período impositivo.
- Sobre la riqueza, que recaen sobre la tenencia o propiedad de la riqueza o sobre la transmisión de la misma.
- Sobre el consumo:
    - Generales, cuando someten a tributación el consumo de cualquier bien o servicio.
    - Específicos, que solamente someten a tributación el consumo de determinados bienes.

b) En función del objeto de gravamen:

- Directos, que gravan una manifestación directa de la capacidad económica del contribuyente, recayendo sobre su renta o sobre su riqueza.

    Pueden ser:
    - Impuestos reales o de producto, que recaen sobre determinados elementos patrimoniales o sobre su rendimiento, sin considerar a su titular o al perceptor de los mismos, gravando los bienes en función de su valor.
    - Impuestos personales, que gravan la renta o el capital de una persona física o jurídica, en función de su capacidad de pago.
- Indirectos, que gravan la capacidad de pago puesta de manifiesto en la utilización o consumo de la renta o riqueza.

c) En función de la situación del obligado al pago:

- Impuestos subjetivos, que tienen en cuenta las circunstancias personales o familiares del obligado al pago de los mismos.
- Impuestos objetivos, cuando no tienen en cuentas las circunstancias del obligado al pago.

d) En función de la duración del hecho imponible (momento del devengo):

- Impuestos instantáneos, en los que el hecho imponible se realiza en un momento determinado de tiempo, naciendo en ese momento la obligación de pago del impuesto.

- Impuestos periódicos, en los que el hecho imponible se produce de forma continuada en el tiempo, por lo que es necesario definir un período impositivo para aplicar el impuesto.

e) En función de los tipos impositivos:

- Impuestos unitarios, en los que el tipo de gravamen consiste en una cantidad fija por unidad de la base imponible.
- Impuestos porcentuales o *ad valorem,* en los que el tipo impositivo consiste en una alícuota o porcentaje a aplicar sobre la base imponible.

Pueden ser:

- Progresivos, cuando los tipos impositivos aumentan a medida que lo hace la base imponible.
- Proporcionales, cuando se aplica un tipo impositivo único, con independencia de la cuantía de la base imponible.
- Regresivos, cuando los tipos impositivos disminuyen a medida que se incrementa la cuantía de la base imponible.

1.6. La oligación tributaria

1.6.1. Concepto

La relación jurídico-tributaria comprende el conjunto de obligaciones y deberes originados por la aplicación de los tributos, se deriva del carácter obligatorio de los mismos y consiste en la realización de una prestación patrimonial.

Los elementos de la obligación tributaria no podrán ser alterados por actos o convenios de particulares, que no producirán efectos ante la Administración, sin perjuicio de sus consecuencias jurídico-privadas. El crédito tributario es indisponible, salvo que la ley establezca otra cosa.

La olbigación tributaria comprende:

a) Obligaciones tributarias materiales: las de carácter principal, las de realizar pagos a cuenta, las establecidas entre particulares resultantes del tributo y las accesorias.

La obligación tributaria principal es la obligación establecida por la Ley de realizar una prestación patrimonial a favor de un ente público a título de tributo. Por lo tanto, su objeto es el pago de la cuota tributaria.

El artículo 23 de la LGT establece que la obligación tributaria de realizar pagos a cuenta de la obligación tributaria principal consiste en satisfacer un importe a la Administración tributaria por el obligado a realizar pagos fraccionados, el retenedor o el obligado a realizar ingresos a cuenta. Esta obligación tributaria tiene carácter autónomo respecto de la obligación tributaria principal.

El contribuyente podrá deducir de la obligación tributaria principal el importe de los pagos a cuenta soportados, salvo que la ley propia de cada tributo establezca la posibilidad de deducir una cantidad distinta a dicho importe.

El artículo 24 de la LGT regula las obligaciones entre particulares resultantes del tributo, que tienen por objeto una prestación de naturaleza tributaria exigible entre obligados tributarios, como las que se generan como consecuencia de actos de repercusión, de retención o de ingresos a cuenta previstos legalmente.

Las obligaciones tributarias accesorias se regulan en el artículo 25 de la LGT y consisten en prestaciones pecuniarias que se deben satisfacer a la Administración Tributaria, cuya exigencia se impone en relación con otra obligación tributaria.

Tienen la naturaleza de obligaciones tributarias accesorias las obligaciones de satisfacer el interés de demora, los recargos por declaración extemporánea y los recargos del período ejecutivo, así como aquellas otras que imponga la Ley. Las sanciones tributarias no tendrán en ningún caso la consideración de obligaciones accesorias.

b) Obligaciones tributarias formales

Se regulan en el artículo 29.2 de la LGT. Son obligaciones tributarias formales las que, sin tener carácter pecuniario, son impuestas por la normativa tributaria o aduanera a los obligados tributarios, deudores o no del tributo, y cuyo cumplimiento está relacionado con el desarrollo de actuaciones o procedimientos tributarios o aduaneros (p.e. la obligación de solicitar y utilizar el número de identificación fiscal, la de presentar declaraciones censales, la de presentar declaraciones y autoliquidaciones, la de facilitar la práctica de inspecciones y comprobaciones administrativas, la de entregar un certificado de retenciones e ingresos a cuenta a los perceptores de las rentas, etc.).

1.6.2. La configuración de la obligación tributaria principal: el hecho imponible

El artículo 20 de la LGT define el hecho imponible como el presupuesto fijado por la ley para configurar cada tributo y cuya realización origina el nacimiento de la obligación tributaria principal que, como se ha expuesto en el epígrafe anterior, consiste en el pago de la cuota tributaria. La ley podrá completar la delimitación del hecho imponible mediante la mención de supuestos de no sujeción, es decir, de supuestos en los que se entiende que no se ha realizado el hecho imponible.

El artículo 21 regula que el devengo es el momento en que se entiende realizado el hecho imponible y se produce el nacimiento de la obligación tributaria principal. La fecha del devengo determina las circunstancias relevantes para la configuración de la obligación tributaria, salvo que la Ley propia de cada tributo disponga otra cosa. La Ley propia de cada tributo podrá establecer la exigibilidad de la cuota o cantidad a ingresar, o de parte de la misma, en un momento distinto al del devengo del tributo.

El artículo 22 de la LGT establece que son supuestos de exención aquellos en que, a pesar de realizarse el hecho imponible, la ley exime del cumplimiento de la obligación tributaria principal. Es decir, constituyen supuestos en los que la normativa fiscal, por razones objetivas o subjetivas, determina que, aunque se produzca el hecho imponible de un tributo, no se genera la olbigación de pagarlo.

1.6.3. Los obligados tributarios

El artículo 35.1 de la LGT dice que: "son obligados tributarios las personas físicas o jurídicas y las entidades a las que la normativa tributaria impone el cumplimiento de obligaciones tributarias". Por tanto, los obligados tributarios pueden ser las personas físicas, las personas jurídicas y los entes sin personalidad, cuando así se establezca en la regulación de un tributo.

En relación con los entes sin personalidad, el artículo 35.4 LGT regula que tendrán la consideración de obligados tributarios, en las leyes en que así se establezca, las herencias yacentes, comunidades de bienes y demás entidades que, carentes de personalidad jurídica, constituyan una unidad económica o un patrimonio separado susceptibles de imposición.

Son obligados tributarios, entre otros:

A) Los sujetos pasivos, definidos en el artículo 36 LGT como los obligados tributarios que, según la ley, deben cumplir la obligación tributaria principal, así como las obligaciones formales inherentes a la misma, ya sea como contribuyente o como sustituto del mismo. No perderá la condición de sujeto pasivo quien deba repercutir la cuota tributaria a otros obligados, salvo que la ley de cada tributo disponga otra cosa.

El contribuyente es el sujeto pasivo que realiza el hecho imponible.

El sustituto es el sujeto pasivo que, por imposición de la ley y en lugar del contribuyente, está obligado a cumplir la obligación tributaria principal, así como las obligaciones formales inherentes a la misma. El sustituto podrá exigir del contribuyente el abono del importe de las obligaciones tributarias satisfechas, salvo que la ley señale otra cosa.

B) Los obliigados a realizar pagos a cuenta, regulados en el artículo 36 LGT. Constituyen pagos anticipados del tributo final, que se deducen del mismo, y consisten en la realización de pagos fraccionados, retenciones e ingresos a cuenta.

El obligado a realizar pagos fraccionados es el contribuyente al que la ley de cada tributo obliga a ingresar cantidades a cuenta de la obligación tributaria principal antes de que esta resulte exigible.

El retenedor es la persona o entidad a quien la ley de cada tributo impone la obligación de detraer e ingresar a la Administración Tributaria, con ocasión de los pagos que realice a otros obligados tributarios, una parte de su importe, a cuenta del tributo que corresponde a éstos.

Es obligado a practicar ingresos a cuenta la persona o entidad que satisface rentas en especie o dinerarias y a quien la ley impone la obligación de realizar ingresos a cuenta de cualquier tributo.

C) Los sucesores de personas físicas. El artículo 39 de la LGT estalece que, a la muerte de obligados tributarios, las obligaciones tributarias pendientes se transmitirán a los herederos y legatarios, sin perjuicio de lo establecido en la legislación civil en cuanto a la adquisición de la herencia o legado. En ningún caso se transmitirán las sanciones tributarias.

D) Los responsables son deudores tributarios que la Ley sitúa al lado de los sujetos pasivos como garantía del cumplimiento de la obligación tributaria.

E) Otros obligados tributarios: los sucesores de personas jurídicas y entidades sin personalidad, los obligados a repercutir un impuesto y a soportar la repercusión, los obligados a soportar retenciones e ingresos a cuenta, los beneficiarios de supuestos de exención, devolución o bonificaciones tributarias que no tengan la condición de sujetos pasivos, aquellos a los que la normativa tributaria impone el cumplimiento de obligaciones tributarias formales y aquellos a los que la normativa sobre asistencia mutua impone obligaciones tributarias.

1.6.4. La capacidad de obrar y la representación

El artículo 44 de la LGT establece que tendrán capacidad de obrar en el orden tributario, además de las personas que la tengan conforme a derecho, los menores de edad y los incapacitados en las relaciones tributarias derivadas de las actividades cuyo ejercicio les esté permitido por el ordenamiento jurídico sin asistencia de la persona que ejerza la patria potestad, tutela o defensa judicial. Se exceptúa el supuesto de los menores incapacitados cuando la extensión de la incapacitación afecte al ejercicio y defensa de los derechos e intereses de que se trate.

Por las personas que carezca de capacidad de obrar actuarán sus representantes legales.

Por las personas jurídicas actuarán las personas que ostenten, en el momento en que se produzcan las actuaciones tributarias correspondientes, la titularidad de los órganos a quienes corresponda su representación, por disposición de la ley o por acuerdo válidamente adoptado.

Por los entes sin personalidad a los que se refiere el artículo 35.4 de la LGT actuará en su representación el que la ostente, siempre que resulte acreditada en forma fehaciente y, de no haberse designado representante, se considerará como tal el que aparentemente ejerza la gestión o dirección y, en su defecto, cualquiera de sus miembros o partícipes.

Finalmente, los obligados tributarios con capacidad de obrar podrán actuar por medio de un representante, que podrá ser un asesor fiscal, con el que se entenderán las sucesivas actuaciones administrativas, salvo que se haga manifestación expresa en contrario.

1.6.5. El domicilio fiscal

De acuerdo con el artículo 48 LGT, el domicilio fiscal es el lugar de localización del obligado tributario en sus relacione con la Administración tributaria.

En el caso de las personas físicas será el lugar donde tengan su residencia habitual. Cuando realicen principalmente actividades económicas, la Administración tributaria podrá considerar como domicilio fiscal el lugar donde esté centralizada la gestión y dirección de las mismas.

En el caso de las personas jurídicas será su domicilio social, siempre que en él está centralizada la gestión administrativa y dirección de los negocios. En caso contrario, será la sede de la dirección efectiva. Si no pudiera determinarse, donde radique la mayor parte del inmovilizado de la entidad.

En el caso de los no residentes, cuando operen en España mediante establecimiento permanente se aplicarán las normas correspondientes a las personas jurídicas. En caso contrario se aplicarán las normas establecidas en cada tributo y, en su ausencia, su domicilio será el de su representante.

1.6.6. Los elementos cuantificadores de la obligación tributaria

La determinación de la cantidad a pagar por la aplicación de un determinado tributo dependerá de tres elementos fundamentales (artículo 49 LGT: La obligación tributaria principal y la obligación de realizar pagos a cuenta se determinarán a partir de las bases tributarias, los tipos de gravamen y los demás elementos previstos en este capítulo, según disponga la ley de cada tributo):

- La cuantificación de la base imponible
- La existencia de beneficios fiscales, bien en la base o en la cuota.
- Los tipos impositivos aplicables

A) La base imponible

La base imponible constituye la cuantificación económica del hecho imponible, a partir de las reglas y métodos de valoración establecidos en la normativa de cada tributo. En general se define en términos monetarios, aunque hay impuestos cuya base imponible se define en unidades físicas (p.e. número de cigarrillos, litros de alcohol o de gasolina). El artículo 50 LGT la define como la magnitud dineraria o de otra naturaleza que resulta de la medición o valoración del hecho imponible.

Siguiendo los artículos 50.3 y 51 a 53 LGT, la base imponible podrá determinándose aplicando los siguientes métodos:

a) Estimación directa, por parte de los contribuyentes o de la Administrtación tributaria, a partir de las declaraciones y documentos presentados por el contribuyente o de datos consginados en libros y registros contables.

b) Estimación objetiva, a partir de magnitudes, índices o módulos previstos en la normativa propia de cada tributo, siendo de aplicación voluntaria por parte de los contribuyentes.

c) Estimación indirecta, método subsidiario utilizado por la Administración tributaria ante la falta de presentación de declaraciones por los contribuyentes o cuando los datos presentados no permitan la estimación completa de la base imponible y en los casos de resistencia, negativa o incumplimiento de sus obligaciones por parte del contribuyente.

B) La base liquidable

El artículo 54 LGT dice que la base liquidable es la magnitud resultante de aplicar, en su caso, en la base imponible las reducciones establecidas en la normativa de cada tributo. En los tributos en los que no existe ningún tipo de reducción, la base liquidable coincidirá con la base imponible.

C) El tipo de gravamen

El tipo de gravamen es la cifra, coeficiente o porcentaje que se aplica sobre la base liquidable para obtener la cuota íntegra (artículo 55 LGT).

Los tipos de gravamen que se aplican sobre bases liquidables definidas en unidades físicas pueden ser específicos, cuando consistan en una cantidad de dinero fijada por cada unidad de la magnitud que se escoja para medir la base liquidable, y porcentuales cuando la suma de dinero a ingresar se fija en un porcentaje de una magnitud determinada.

Los tipos de gravamen que se aplican sobre bases liquidables expresadas en términos monetarios pueden ser fijos o únicos, dando lugar a una cuota proporcional, o crecientes a medida que lo hace la base liquidable, dando lugar a una cuota progresiva. En este caso, al conjunto de tipos aplicables se les denomina tarifa.

D) La cuota tributaria

El artículo 56 LGT hace referencia a tres tipos de cuota: íntegra, líquida y diferencial.

La cuota íntegra es el resultado de aplicar el tipo o la tarifa de gravamen a la base liquidable, o bien, la cantidad establecida directamente en la ley del impuesto.

La cuota líquida es el resultado de aplicar sobre la cuota íntegra las deducciones, bonificaciones, adiciones o coeficientes previstos, en su caso, en la ley de cada tributo.

Finalmetne, la cuota diferencial se define como el resultado de minorar la cuota líquida en el importe de las deducciones, pagos fraccionados, retenciones, ingresos a cuenta y cuotas, conforme a la normativa de cada tributo.

Las retenciones constituyen detracciones que los pagadores de una cantidad monetaria deben realizar en la misma e ingresar en la Administración

Tributaria, a cuenta del tributo que corresponde al perceptor de la misma. Cuando el pago se realiza en especie, el pago a cuenta recibe el nombre de ingreso a cuenta.

Los pagos fraccionados constituyen ingresos realizados por el contribuyente a cuenta de su obligación tributaria, antes de que ésta resulte exigible.

1.7. La deuda tributaria

1.7.1. Concepto

El artículo 58 de la LGT regula que la deuda tributaria estará constituida por la cuota o cantidad a ingresar que resulta de la obligación tributaria principal o de las obligaciones de realizar pagos a cuenta.

En su caso, formarán parte de la deuda tributaria los siguientes conceptos:

a) El interés de demora, regulado en el artículo 26 LGT.

Se exige como consecuencia de la realización de un pago fuera de plazo, de la presentación de una autoliquidación o declaración de la que resulte una cantidad a ingresar una vez finalizado el plazo establecido al efecto en la normativa tributaria, del cobro de una devolución improcedente o en el resto de casos previstos en la normativa tributaria.

Se calculará sobre el importe no ingresado en plazo, o sobre la cuantía de la devolución cobrada improcedentemente, y resultará exigible durante el tiempo al que se extienda el retraso del obligado

Su cuantía será el interés legal del dinero vigente a lo largo del período en que resulte exigible incrementado en un 25%, salvo que la Ley de Presupuestos Generales del Estado establezca otra diferente.

b) Los recargos por declaración extemporánea sin requeirimiento previo (artículo 27 LGT).

Se aplican en el caso de que se presente una ´declaración o se realice un ingreso de forma espontánea, fuera del plazo voluntario y sin requerimiento previo por parte de la Administración tributaria.

Su cuantía depende del tiempo transcurrido desde la finalización del plazo voluntario.

c) Los recargos del período ejecutivo, regulados en el artículo 28 LGT.

Cubren los costes que puede tener la Administración para cobrar las deudas tributarias que no han sido satisfechas durante el período voluntario de pago.

Son de tres tipos, resultando incompatibles entre si, y se caluclarán sobre la totalidad de la deuda no ingresada en el perído voluntario:

El recargo ejecutivo, será del 5 por ciento y se aplicará cuando, una vez iniciado el periodo ejecutivo, el obligado satisfaga la totalidad de la deuda antes de la notificación de la providencia de apremio.

El recargo de apremio reducido, será del 10 por ciento, y se aplicará cuando se satisfaga la totalidad de la deuda no ingresada en período voluntario y el propio recargo dentro del plazo establecido para las deudas apremiadas (artículo 62.5 LGT)

En ambos casos, cuando proceda su aplicación no se exigirán los intereses de demora devengados desde el inicio del período ejecutivo

El recargo de apremio ordinario, será del 20 por ciento, compatible con la aplicación de los intereses de demora devengados desde el final del período voluntario de pago, y será aplicable en el resto de los casos.

d) Los recargos exigibles legalmente sobre las bases o las cuotas, a favor del Tesoro o de otros entes públicos

El artículo 58.3 LGT establece que las sanciones tributarias no formarán parte de la deuda tributaria.

1.7.2. Formas de extinción de la deuda tributaria

El artículo 59 LGT regula que las deudas tributarias podrán extinguirse por pago, prescripción, compensación, condonación, por los medios previstos en la normativa aduanera y por los demás medios previstos en las leyes.

A) El pago

Aparece regulado en los artículos 60 a 65 LGT. Se efectuará en efectivo o mediante efectos timbrados cuando se disponga reglamentariamente. Podrá admitirse el pago en especie cuando una Ley lo disponga expresamente y en los términos y condiciones reglamentariamente previstos.

Una deuda tributaria se entiende pagada en efectivo cuando se haya realizado el ingreso de su importe en las oficinas recaudadoras o en las entidades autorizadas para su admisión.

En el caso del pago mediante efectos timbrados, la deuda tributaria se entenderá pagada cuando se utilicen en la forma que reglamentariamente se determine.

El pago en especie extinguirá la deuda tributaria en el momento señalado en las normas que lo regulen.

El artículo 62 LGT regula los plazos para el pago, tanto en el período voluntario como en el período ejecutivo.

Plazos de pago en período voluntario:

- Deudas tributarias resultantes de autoliquidación, en los plazos que establezca la normativa de cada tributo.

- Deudas tributarias resultantes de liquidaciones practicadas por la Administración:

  - Notificadas entre el 1 y el 15 de cada mes, desde la fecha de recepción hasta el día 20 del mes siguiente o el inmediato día hábil posterior.

- Notificadas entre el 16 y el último día del mes, desde la fecha de recepción hasta el día 5 del segundo mes posterior o el inmediato día hábil siguiente.

- Deudas de notificación colectiva y periódica: entre el 1 de septiembre y el 20 de noviembre o el inmediato hábil posterior, salvo que esté establecida otra cosa en su normativa reguladora.

- Deudas que deban abonarse mediante efectos timbrados, en el momento de realización del hecho imponible.

Plazos de pago en período ejecutivo:

- Si la notificación de la providencia de apremio se realiza entre los días 1 y el 15 del mes, desde la fecha de recepción hasta el día 20 del mismo mes o el inmediato hábil posterior.

- Si la notificación de la providencia de apremio se realiza entre los días 16 y el último día del mes, desde la fecha de recepción hasta el día 5 del mes siguiente o el día inmediato hábil posterior.

El pago de las deudas tributarias, tanto en período voluntario como ejecutivo, podrá aplazarse o fraccionarse a solicitud del obligado tributario, cumpliendo las condiciones legalmente establecidas, cuando su situación económico-financiera le impida, de forma transitoria, efectuar el pago en los plazos establecidos.

B) La prescripción

El artículo 66 LGT establece que prescribirán a los cuato años los siguientes derechos:

- El derecho de la Administración para determinar la deuda tributaria mediante la oportuna liquidación.

- El derecho de la Administración para exigir el pago de las deudas tributarias liquidadas y autoloquidadas.

- El derecho de los obligados tributarios para solicitar las devoluciones derivadas de la normativa de cada tributo, las devoluciones de ingresos indebidos y el reembolso del coste de garantías.

El cómputo del plazo de la prescricpción se interrumpirá por las siguidntes causas:

- Cualquier acción administrativa, realizada con conocimiento formal del obligado tributario, dirigida al reconocimiento, regularización, comprobación, inspección, liquidación o recaudación de la obligación tributaria o a efectuar la devolución o el reembolso.

- La interposición de reclamaciones o recursos de cualquier clase.

- Cualquier actuación fehaciente del obligado tributario conducente a la liquidación, pago o extinción de la deuda, rectificación de su autoliquidación, o solicitando la devolución o el reembolso de los ingresos indebidos.

C) La compensación

La normativa tributaria permite la compensación total o parcial de la deuda tributaria con los créditos reconocidos por acto administrativo a los que tengan derecho los obligados tributarios. (artículo 71 LGT).

D) La condonación

El artículo 75 LGT regula que la condonación de las deudas tributarias solamente podrá ser autorizada por Ley, en la cuantía y los requisitos que la misma determine.

E) La insolvencia

El artículo 76 LGT establece que, cuando las deudas tributarias no se hayan hecho efectivas en los respectivos procedimientos ejecutivos por insolvencia probada de los obligados tributarios, se darán de baja en cuentas en la cuantía procedente, mediante la declaración del crédito como incobrable, total o parcial, en tanto no se rehabiliten dentro del plazo de prescripción.

La deuda tributaria se extinguirá si, vencido el plazo de prescripción, no se hubiera rehabilitado

1.8. El sistema impositivo español

Sistema impositivo estatal:

A) Impuestos directos:

1. Sobre la renta:

- Impuesto sobre la Renta de las Personas Físicas (IRPF), Ley 35/2006, de 28 de noviembre.
- Impuesto sobre Sociedades (IS), Ley 27/2014, de 27 de noviembre.

2. Sobre la riqueza:

- Impuesto sobre el Patrimonio (IP), Ley 19/1991, de 6 de junio.
- Impuesto Temporal de Solidaridad de las Grandes Fortunas (ITSGP), Ley 38/2022, de 27 de diciembre.
- Impuesto sobre Sucesiones y Donaciones (ISD), Ley 27/1987, de 18 de diciembre.

B) Impuestos indirectos:

1. Sobre las transmisiones:

- Impuesto sobre Transmisiones Patrimoniales y Actos Jurídicos Documentados (ITP y AJD), Real Decreto Legislativo 1/1993, de 24 de septiembre.

2. Sobre el consumo:
- Impuesto sobre el Valor Añadido (IVA), Ley 37/1992, de 28 de diciembre.
- Impuestos Especiales (IE), Ley 38/1992, de 28 de diciembre.

C) Otros impuestos:
- Impuesto sobre Actividades de Juego, Ley 13/2011, de 27 de mayo.
- Impuesto sobre las Primas de Seguros, Ley 13/1996, de 20 de diciembre.
- Impuesto sobre el Valor de la Producción de la Energía Eléctrica, Ley 15/2012, de 27 de diciembre.
- Impuesto sobre la producción de combustible nuclear gastado y residuos radiactivos resultantes de la generación de energía nucleoeléctrica, Ley 15/2012, de 27 de diciembre.
- Impuesto sobre el almacenamiento de combustible nuclear gastado y residuos radiactivos en instalaciones centralizadas, Ley 15/2012, de 27 de diciembre.
- Impuesto sobre los Depósitos en las Entidades de Crédito, Ley 16/2012, de 27 de diciembre.
- Gravamen especial sobre determinados premios en loterías y apuestas, Ley 16/2012, de 27 de diciembre.
- Impuesto sobre los gases fluorados de efecto invernadero, Ley 16/2013, de 29 de octubre.
- Impuesto sobre el valor de la extracción de gas, petróleo y condensados, Ley 8/2015, de 21 de mayo.
- Impuesto sobre determinados servicios digitales, Ley 4/2020, de 15 de octubre.
- Impuesto sobre las transacciones financieras, Ley 5/2020, de 15 de octubre.
- Impuesto sobre envases de plástico no reutilizables, Ley 7/2022, de 8 de abril.
- Impuesto sobre el depósito de residuos en vertederos, la incineración y la coincineración de residuos, Ley 7/2022, de 8 de abril.
- Impuesto complementario para garantizar un nivel mínimo global de imposición para los grupos multinacionales y los grupos nacionales de gran magnitud, Ley 7/2024, de 20 de diciembre.
- Imuesto sobre el margen de intereses y comisiones de determinadas entidades financieras, Ley 7/2024, de 20 de diciembre.
- Impuesto sobre los líquidos patra cigarrillos electróncios y otros productos relacionados con el tabaco, Ley 7/2024, de 20 de diciembre.

2. IRPF: Conceptos generales

2.1. Normativa aplicable

La normativa básica del Impuesto sobre la Renta de las Personas Físicas (IRPF) es:

Ley 35/2006, de 28 de noviembre, del Impuesto sobre la Renta de las Personas Físicas y de modificación parcial de los Impuestos sobre Sociedades, sobre la Renta de no Residentes y sobre el Patrimonio (en adelante LIRPF).

Real Decreto 439/2007, de 30 de marzo, por el que se aprueba el Reglamento del Impuesto sobre la Renta de las Personas Físicas, y se modifica el Reglamento de Planes y Fondos de Pensiones, aprobado por el Real Decreto 304/2004, de 20 de febrero (en adelante RIRPF).

2.2. Naturaleza y objeto

Artículos 1 y 2 LIRPF.

El IRPF es un tributo de carácter personal y directo que grava, según los principios de igualdad, generalidad y progresividad, la renta de las personas físicas de acuerdo con sus circunstancias personales y familiares.

El objeto de gravamen es la renta del contribuyente, entendida como la totalidad de sus rendimientos, ganancias y pérdidas patrimoniales y las imputaciones de renta que se establezcan por la ley, con independencia del lugar donde se hubiese producido y de la residencia del pagador.

De los preceptos anteriores podemos concluir que el IRPF es un impuesto:

- Directo, ya que grava una manifestación directa de la capacidad económica de los contribuyentes como es la obtención de renta.

- Personal, porque para gravar la renta es necesario ponerla en relación con los perceptores de la misma, en este caso las personas físicas.

- Subjetivo, porque para graduar la carga tributaria tiene en cuenta las circunstancias personales y familiares de los perceptores de la misma.

- General, ya que grava todas las rentas obtenidas por los contribuyentes.

- Progresivo, lo que supone la aplicación de una tarifa de tipos impositivos creciente a medida que aumenta la renta del contribuyente.

- Periódico, porque grava la totalidad de las rentas obtenidas a lo largo del período impositivo.

- Aplicado según el principio de residencia, lo que supone que los contribuyentes residentes en España tendrán que tributar por todas sus rentas, tanto las obtenidas en España como en el extranjero.

Por otra parte, se trata de un impuesto estatal, cedido parcialmente a las Comunidades Autónomas de régimen común (artículo 3 LIRPF).

2.3. Ámbito de aplicación

Artículos 4 y 5 LIRPF.

El ámbito de aplicación del impuesto es el territorio español, sin perjuicio de los regímenes tributarios forales de concierto y convenio económico en los Territorios Históricos del País Vasco y en la Comunidad Foral de Navarra, de las especialidades previstas en la normativa para Canarias, Ceuta y Melilla, y de lo dispuesto en los tratados y convenios internacionales que hayan pasado a formar parte del ordenamiento interno, de conformidad con el artículo 96 de la Constitución.

2.4. Cesión parcial del impuesto a las Comunidades Autónomas

Artículo 3 LIRPF.

El IRPF es un tributo cedido parcialmente a las Comunidades Autónomas de régimen común, tal y como establece la Ley Orgánica 8/1980, de 22 de septiembre, de Financiación de las Comunidades Autónomas (LOFCA), y las normas reguladoras de la cesión de tributos del Estado a las Comunidades Autónomas.

El artículo 11 de la Ley Orgánica 8/1980, de Financiación de las Comunidades Autónomas incluye, entre los tributos susceptibles de cesión a las Comunidades Autónomas, al Impuesto sobre la Renta de las Personas Físicas, con carácter parcial, con el límite máximo del 50 por ciento.

La Ley 22/2009, de 18 de diciembre, por la que se regula el sistema de financiación de las Comunidades Autónomas de régimen común y Ciudades con Estatuto de Autonomía, en su artículo 30 regula las condiciones de la cesión y los puntos de conexión en la aplicación del impuesto:

- Se cede a cada una de las Comunidades Autónomas el rendimiento del IRPF producido en su territorio, entendiendo como tal el rendimiento cedido del IRPF que corresponda a aquellos contribuyentes que tengan su residencia habitual en dicho territorio.

- Cuando los contribuyentes integrados en una unidad familiar tuvieran su residencia habitual en Comunidades distintas y optasen por la tributación conjunta, el rendimiento que se cede se entenderá producido en el territorio de la Comunidad Autónoma donde tenga su residencia habitual el miembro de dicha unidad con mayor base liquidable, obtenida de acuerdo con las reglas de individualización de rentas del Impuesto.

Las competencias normativas de las Comunidades Autónomas están reguladas en el artículo 46 de la Ley 22/2009 y alcanzan a la regulación de:

- El importe del mínimo personal y familiar aplicable para el cálculo del gravamen autonómico: las Comunidades Autónomas pueden establecer incrementos o disminuciones en las cuantías correspondientes al mínimo del contribuyente y a los mínimos por descendientes, ascendientes y discapacidad, con el límite del 10% para cada cuantía.

- La escala autonómica aplicable a la base liquidable general, que deberá ser progresiva.

- Las deducciones en la cuota íntegra autonómica por los siguientes conceptos: circunstancias personales y familiares, por inversiones no empresariales y por aplicación de renta, siempre que no supongan, directa o indirectamente, una minoración del gravamen efectivo de alguna o algunas categorías, de renta; subvenciones y ayudas públicas no exentas que se perciban de la CA, con excepción de las que afecten al desarrollo de actividades económicas, o a las rentas que se integren en la base del ahorro.

- Los aumentos o disminuciones en los porcentajes de deducción por inversión en vivienda habitual, en su tramo autonómico, deducción que actualmente ha sido derogada.

En el caso de que las Comunidades Autónomas no hayan ejercido sus competencias, la cuota líquida se exigirá de acuerdo con el mínimo personal y familiar y las deducciones establecidas por el Estado, tal y como regula el artículo 3.3 LIRPF:

"El cálculo de la cuota líquida autonómica se efectuará de acuerdo con lo establecido en la Ley 35/2006, de 28 de noviembre, del IRPF y, en su caso, en la normativa dictada por la respectiva CA. En el caso de que las CA no hayan ejercido las competencias normativas sobre el impuesto, la cuota líquida se exigirá de acuerdo con el mínimo personal y familiar y las deducciones establecidas por el Estado".

Finalmente, la aplicación del impuesto corresponde a la Agencia Estatal de Administración Tributaria.

2.5. El hecho imponible

Artículo 6 LIRPF.

El hecho imponible está constituido por la obtención de renta por parte del contribuyente. El artículo 6 no define un concepto de renta, pero realiza una enumeración de sus componentes y regula que, a efectos de la determinación de la base imponible y de la liquidación del impuesto, la renta se clasificará en renta general y renta del ahorro.

Componentes de la renta:

- Rendimientos del trabajo.
- Rendimientos del capital.

- Rendimientos de actividades económicas.
- Ganancias y pérdidas patrimoniales.
- Las imputaciones de renta establecidas por Ley, procedentes de:

1. Bienes inmuebles a disposición de sus titulares.
2. Sociedades en régimen de transparencia fiscal internacional.
3. Cesión de derechos de imagen.
4. Instituciones de inversión colectiva constituidas en paraísos fiscales.

El artículo 6.5 regula una presunción de onerosidad: se presumirán retribuidas, salvo prueba en contrario, las prestaciones de bienes, derechos o servicios, susceptibles de generar rendimientos del trabajo o del capital.

La valoración de estas rentas (artículo 40 LIRPF) se efectuará por el valor normal de mercado, entendido como la contraprestación que se acordaría entre sujetos independientes, salvo prueba en contrario. En el caso de préstamos y operaciones de utilización de capitales ajenos, se entenderá por valor normal de mercado el tipo de interés legal del dinero vigente el último día del período impositivo.

Finalmente, el artículo 6.4 completa la delimitación del hecho imponible del impuesto mediante un supuesto de no sujeción. No estarán sujetas a tributación en el IRPF las rentas que se encuentren sujetas a tributación en el Impuesto sobre Sucesiones y Donaciones, incrementos patrimoniales lucrativos producidos:

- Mediante adquisiciones *mortis causa* por cualquier título sucesorio.
- Mediante adquisiciones por donación o cualquier otro negocio jurídico a título gratuito *inter vivos*.
- Por los beneficiarios de contratos de seguros de vida cuando el contratante o el asegurado en seguro colectivo sea una persona distinta del beneficiario, salvo en los supuestos regulados en el artículo 17 de la Ley del IRPF.

En las normas para la delimitación de la base imponible se definen otros supuestos de no sujeción, como determinadas pérdidas patrimoniales.

2.6. Rentas exentas

El artículo 7 de la LIRPF regula una serie de rentas que se encuentran exentas de tributación:

a) Prestaciones públicas extraordinarias por actos de terrorismo y otras pensiones relacionadas.

b) Ayudas a los afectados por el VIH.

c) Las pensiones por lesiones o mutilaciones sufridas en la guerra civil.

d) Las indemnizaciones de responsabilidad civil por daños personales, en la cuantía legal o judicialmente reconocida, así como las derivadas de contratos de seguro de accidentes.

e) Las indemnizaciones por despido o cese del trabajador, en la cuantía obligatoria establecida en el Estatuto de los Trabajadores, en su normativa de desarrollo, o en la normativa reguladora de la ejecución de sentencias, con límite de 180.000 euros.

f) Las prestaciones por incapacidad permanente, absoluta o gran invalidez, reconocidas por la Seguridad Social y las entidades que la sustituyan y por las Mutualidades de previsión social que actúen como alternativa al régimen especial de autónomos, con el límite de la prestación máxima reconocida por la Seguridad Social.

g) Las pensiones por inutilidad o incapacidad permanente reconocidas por el régimen de clases pasivas.

h) Las prestaciones familiares de la Seguridad Social o Mutualidades por razón de hijos a cargo, así como las pensiones y haberes de orfandad y a favor de nietos y hermanos percibidas de los regímenes públicos de la Seguridad Social y clases pasivas, así como las prestaciones públicas por nacimiento, parto o adopción múltiple, adopción, hijos a cargo y orfandad, así como las prestaciones públicas de maternidad percibidas de las CA y de las entidades locales.

i) Las prestaciones percibidas de instituciones públicas con motivo de acogimiento de personas con discapacidad, mayores de 65 años o menores, y otras ayudas a estas personas, incluyendo las ayudas públicas a personas con discapacidad o mayores de 65 años para financiar su estancia en residencias o centros de día, con determinadas condiciones.

j) Becas públicas y becas concedidas por entidades sin fines lucrativos y por fundaciones bancarias para cursar estudios reglados, tanto en España como en el extranjero, en todos los niveles y grados del sistema educativo, así como las concedidas con fines de investigación a funcionarios y personal al servicio de las Administraciones Públicas y al personal docente e investigador de la Universidades, con ciertos límites.

k) Las anualidades por alimentos percibidas de los padres en virtud de decisión judicial.

l) Los premios literarios, artísticos o científicos relevantes, así como los Premios Príncipe de Asturias.

m) Las ayudas económicas a los deportistas de alto nivel, ajustadas a los programas de preparación establecidos por el CSD.

n) Las prestaciones por desempleo en la modalidad de pago único, con el destino y en los casos legalmente previstos.

ñ) Los rendimientos positivos de capital mobiliario procedentes de seguros de vida, depósitos y contratos financieros a través de los cuales se instrumenten los Planes de Ahorro a Largo Plazo, siempre que el contribuyente no efectúe disposición alguna del capital resultante del plan antes de finalizar el plazo de 5 años desde su apertura.

o) Las gratificaciones extraordinarias satisfechas por el Estado español por la participación en misiones internacionales de paz o humanitarias.

p) Los rendimientos del trabajo percibidos por trabajos realizados efectivamente en el extranjero, con el límite máximo de 60.100 euros anuales, siempre que se realicen para una empresa o entidad no residente en España o un establecimiento permanente radicado en el extranjero y en el territorio en que se realicen los trabajos se aplique un impuesto de naturaleza idéntica o análoga al IRPF y no se trate de un país o territorio calificado como paraíso fiscal.

q) Las indemnizaciones satisfechas por las Administraciones Públicas por daños personales como consecuencia del funcionamiento de los servicios públicos.

r) Las prestaciones percibidas por entierro o sepelio, con el límite del importe total de los gastos incurridos.

s) Las ayudas a personas con hemofilia y otras coagulopatías congénitas que hayan desarrollado hepatitis C por tratamiento en el sistema sanitario público.

t) Las rentas derivadas de instrumentos de cobertura cuando cubran exclusivamente el riesgo de incremento del tipo de interés variable de los préstamos hipotecarios destinados a la adquisición de la vivienda habitual.

u) Las indemnizaciones previstas en la legislación del Estado y de las CA para compensar la privación de libertad en establecimientos penitenciarios en ciertos supuestos contemplados en la Ley 46/1977, de amnistía.

v) Las rentas que se ponga de manifiesto en el momento de la constitución de rentas vitalicias aseguradas resultantes de los planes individuales de ahorro sistemático.

w) Los rendimientos del trabajo derivados de las prestaciones obtenidas en forma de renta por las personas con discapacidad correspondientes a las aportaciones a sistemas de previsión social y patrimonios protegidos a favor de estas personas, con límite anual de 3 veces el IPREM.

x) Las prestaciones económicas públicas vinculadas al servicio, para cuidados en el entorno familiar y de asistencia personalizada que se derivan de la Ley de promoción de la autonomía personal y atención a las personas en situación de dependencia.

y) Las prestaciones económicas establecidas por las CA en concepto de renta mínima de inserción, las ayudas establecidas por Comunidades y entidades locales a colectivos en situación de emergencia o sin recursos, así como las ayudas concedidas a víctimas de delitos violentos y las previstas para víctimas de violencia de género.

z) Las prestaciones y ayudas familiares percibidas de cualquier Administración Pública vinculadas al nacimiento, adopción, acogimiento o cuidado de hijos menores.

2.7. Los contribuyentes

Artículo 8 LIRPF.

Serán contribuyentes por este impuesto:

- Las personas físicas que tengan su residencia habitual en territorio español.

- Las personas físicas que tuviesen su residencia habitual en el extranjero por alguna de las circunstancias previstas en el artículo 10 LIRPF.

- No perderán la condición de contribuyentes las personas físicas de nacionalidad española que acrediten su nueva residencia en un país o territorio considerado como paraíso fiscal en el período impositivo en que se efectúe el cambio de residencia y en los cuatro siguientes

No tendrán la consideración de contribuyente: las sociedades civiles no sujetas al Impuesto de Sociedades, las herencias yacentes, las comunidades de bienes, ni las demás entidades sin personalidad jurídica comprendidas en el artículo 35.4 de la Ley General Tributaria.

Las rentas de estas entidades se atribuirán a sus socios, comuneros o partícipes, siguiendo las normas comprendidas en los artículos 86 a 90 LIRPF. Las rentas atribuidas se integrarán en las bases imponibles de los partícipes en estas entidades, conservando la naturaleza de la actividad o fuente de la que procedan.

2.7.1. La residencia habitual en territorio español

Artículo 9 LIRPF.

Se considera que un contribuyente tiene su residencia habitual en territorio español cuando concurra cualquiera de las siguientes circunstancias:

a) Que permanezca durante más de 183 días durante el año natural en territorio español sin tener en cuenta las ausencias esporádicas, salvo que el contribuyente acredite su residencia fiscal en otro país. En el supuesto de países o territorios considerados paraísos fiscales, la Administración tributaria podrá exigir que se pruebe la permanencia en éste durante 183 días en el año natural.

Para la determinación del período de permanencia no se computarán las estancias temporales en España como consecuencia de obligaciones contraídas en virtud de un convenio de colaboración cultural o humanitaria a título gratuito, con las Administraciones españolas.

b) Que radique en España el núcleo principal o base de sus actividades o intereses económicos, de forma directa o indirecta.

c) Salvo prueba en contrario, se presumirá que el contribuyente tiene su residencia habitual en territorio español cuando su cónyuge no separado legalmente e hijos menores dependientes residan en territorio español.

El artículo 10 LIRPF regula que se considerarán contribuyentes las personas de nacionalidad española, su cónyuge no separado legalmente e hijos menores de edad que tuviesen su residencia habitual en el extranjero, por su condición de miembros de misiones diplomáticas, oficinas consulares españolas, delegaciones permanentes ante organismos oficiales, o por su condición de funcionarios que ejerzan en el extranjero un cargo o empleo oficial que no tenga carácter diplomático o consular.

A título de reciprocidad, no se considerarán contribuyentes a los nacionales extranjeros que tengan su residencia habitual en territorio español por alguna de las causas anteriores.

2.7.2. La residencia habitual en el territorio de una Comunidad Autónoma

Artículo 72 LIRPF y artículo 22 de la Ley 22/2009.

Se considerará que los contribuyentes con residencia habitual en territorio español son residentes en el territorio de una Comunidad Autónoma cuando:

a) Permanezcan en su territorio un mayor número de días del período impositivo. A estos efectos, se computarán las ausencias temporales. Salvo prueba en contrario, se considerará que una persona física permanece en el territorio de una Comunidad Autónoma cuando en dicho territorio radique su vivienda habitual.

b) Cuando no sea posible aplicar el criterio anterior, se considerarán residentes en el territorio de la Comunidad Autónoma donde tengan su principal centro de intereses. Este territorio será en el que se obtenga la mayor parte de la base imponible del IRPF integrada por los rendimientos del trabajo personal, actividades económicas, rendimientos de capital inmobiliario y ganancias patrimoniales correspondientes a la enajenación de inmuebles.

c) Cuando no sea posible aplicar los criterios anteriores, se considerarán residentes en el lugar de su última residencia declarada a efectos del IRPF.

Las personas físicas residentes en territorio español, que no permanezcan en dicho territorio más de 183 días durante el año natural, se considerarán residentes en el territorio de la Comunidad Autónoma en la que radique el núcleo principal o la base de sus actividades o de sus intereses económicos.

Las personas físicas consideradas residentes en territorio español por aplicación del criterio de vinculación familiar se considerarán residentes en el territorio de la Comunidad Autónoma en la que residan habitualmente el cónyuge no separado legalmente y los hijos menores de edad dependientes.

2.8. La unidad familiar y la individualización de rendimientos

2.8.1. Modalidades de tributación

Artículos 82 y 83 LIRPF.

La regla general de tributación en el impuesto es que todos los contribuyentes tributen de forma individual, por las rentas obtenidas a lo largo del perído impositivo.

De forma opocional, podrán tributar de forma conjunta todas las personas físicas integradas en una unidad familiar, siempre que todos sus miembros sean contribuyentes del impuesto.

A estos efectos, el artículo 82 LIRPF considera dos modalidades de unidad familiar:

a) La integrada por los cónyuges no separados legalmente y, si los hubiera:

- Los hijos menores, con excepción de los que, con el consentimiento de los padres, vivan con independencia de estos.

- Los hijos mayores de edad incapacitados judicialmente sujetos a patria potestad prorrogada o rehabilitada.

b) En los casos de separación legal, o cuando no existiera vínculo matrimonial, la formada por el padre o la madre y todos los hijos que convivan con uno u otro y que reúnan los requisitos anteriores.

Nadie podrá formar parte de dos unidades familiares al mismo tiempo.

La determinación de los miembros de la unidad familiar se realizará atendiendo a la situación existente a 31 de diciembre de cada año.

La opción por la tributación conjunta se ejercita en el momento de presentar la declaración del impuesto, no vincula para períodos sucesivos y debe abarcar a la totalidad de miembros de la unidad familiar. Si uno de ellos presenta declaración individual, los restantes también deberán tributar individualmente.

2.8.2. La individualización de rendimientos

Artículo 11 LIRPF.

La renta se entenderá obtenida por los contribuyentes en función del origen o fuente de aquélla, cualquiera que sea, en su caso, el régimen económico del matrimonio.

En particular, será de aplicación las siguientes reglas:

- Rendimientos del trabajo personal, se atribuirán exclusivamente a quien haya generado el derecho a su percepción. Los rendimientos de pensiones y haberes pasivos se imputarán a las personas a cuyo favor se encuentren reconocidos.

- Rendimientos del capital, se atribuirán a los contribuyentes que sean titulares de los elementos patrimoniales, bienes o derechos, de que provengan dichos rendimientos, según las normas de titularidad jurídica aplicables en cada caso.

Serán de aplicación las normas sobre titularidad jurídica de los bienes o derechos contenidas en las disposiciones reguladoras del régimen económico del matrimonio, así como en los preceptos de la legislación civil aplicables en cada caso a las relaciones patrimoniales entre los miembros de la familia.

La titularidad de los bienes y derechos que, según las disposiciones o pactos reguladores del correspondiente régimen económico matrimonial, sean comunes a ambos cónyuges, se atribuirán por mitad a cada uno de ellos, salvo que se justifique otra cuota de participación.

Si no resultara debidamente acreditada la titularidad de los bienes o derechos, la Administración considerará como titular a quien figure como tal en un registro público.

- Rendimientos de las actividades económicas, se considerarán obtenidos por quienes realicen de forma habitual, personal y directa la ordenación por cuenta propia de los medios de producción y los recursos humanos afectos a las mismas.

- Ganancias y pérdidas patrimoniales, se considerarán obtenidas por los contribuyentes que sean titulares de los bienes, derechos y demás elementos patrimoniales de que provengan.

Las ganancias patrimoniales no justificadas se atribuirán en función de la titularidad de los bienes o derechos en que se manifiesten.

Las adquisiciones de bienes y derechos que no se deriven de una transmisión previa, como las ganancias en el juego, se considerarán ganancias patrimoniales de la persona a quien corresponda el derecho a su obtención o que las haya ganado directamente.

2.9. Período impositivo y devengo del impuesto

Artículos 12 y 13 LIRPF.

Con carácter general, el período impositivo coincidirá con el año natural, devengándose el impuesto el 31 de diciembre de cada año.

El período impositivo será inferior al año natural cuando se produzca el fallecimiento del contribuyente en un día distinto al 31 de diciembre, produciéndose el devego del impuesto en la fecha del fallecimiento.

3. IRPF: Determinación de la base imponible

3.1. La base imponible y la base liquidable

3.1.1. Concepto y cuantificación

Artículo 15 LIRPF.

La base imponible del IRPF está constituida por el importe de la renta del contribuyente y se determinará aplicando los métodos previstos en el artículo 16 de la Ley del impuesto.

Para la cuantificación de la base imponible, en los términos previstos en la Ley del Impuesto, se procederá por el siguiente orden:

- Las rentas se calificarán y cuantificarán con arreglo a su origen. Los rendimientos netos se obtendrán por diferencia entre los ingresos computables y los gastos deducibles. Las ganancias y pérdidas patrimoniales se determinarán, con carácter general, por diferencia entre los valores de transmisión y adquisición de los elementos patrimoniales.
- Se aplicarán las reducciones sobre el rendimiento íntegro o neto que, en su caso, correspondan para cada una de las fuentes de renta.
- Se procederá a la integración y compensación de las diferentes rentas según su origen y su clasificación como renta general o del ahorro.
- El resultado de estas operaciones dará lugar a la base imponible general y del ahorro.

La base liquidable será el resultado de practicar en la base imponible las reducciones previstas en la Ley por atención a situaciones de dependencia y envejecimiento y pensiones compensatorias, dando lugar a las bases liquidables general y del ahorro. No se someterán a tributación las rentas que no excedan del importe del mínimo personal y familiar que resulte de aplicación.

3.1.2. Métodos de determinación

Artículo 16 LIRPF.

Con carácter general, se aplicará el método de estimación directa de los distintos componentes de la base imponible.

La determinación de los rendimientos de actividades económicas se realizará mediante la aplicación de los siguientes métodos:

- Estimación directa, que se aplicará como método general y que admitirá dos modalidades, la normal y la simplificada.

- Estimación objetiva, para determinadas actividades económicas, consistente en la utilización de signos, índices o módulos para calcular el rendimiento de la actividad.

- El método de estimación indirecta se aplicará con carácter subsidiario, conforme a lo dispuesto en la Ley General Tributaria, cuando la falta de presentación de declaraciones o los datos de las presentadas, no permita a la Administración la estimación completa de bases, cuando se ofrezca resistencia, excusa o negativa a la actuación inspectora o se incumplan sustancialmente las obligaciones contables.

3.2. Los rendimientos íntegros: retenciones e ingresos a cuenta

Artículos 99 y 100 LIRPF; artículos 74 a 112 RIRPF.

Para la cuantificación de las distintas rentas que forman parte de la base imponible del contribuyente, los ingresos se computarán por su importe integro, incluyendo, en su caso, las retenciones e ingresos a cuenta legalmente establecidos.

Las entidades y personas jurídicas, incluyendo las entidades en régimen de atribución de rentas, así como los contribuyentes que ejerzan actividades económicas por las rentas satisfechas en el ejercicio de las mismas, cuando satisfagan o abonen rentas sujetas al IRPF, estarán obligadas a practicar retención e ingreso a cuenta, en concepto de pago a cuenta del impuesto del perceptor, y a ingresar su importe en el Tesoro.

Cuando la retención no se hubiera practicado, o lo hubiera sido por un importe inferior al debido, por causa imputable al retenedor u obligado a ingresar a cuenta, el perceptor deducirá de la cuota la cantidad que debió ser retenida.

El importe de la retención será el resultado de aplicar a la base de retención o a la cuantía total satisfecha, el tipo de retención que corresponda.

En el caso de retribuciones en especie en que exista obligación de ingresar a cuenta, se presumirá que dicho ingreso ha sido efectuado y el contribuyente incluirá en la base imponible la valoración de la retribución en especie y el ingreso a cuenta, salvo que le hubiera sido repercutido.

Estarán sometidas a retención o ingreso a cuenta las siguientes rentas:

- Los rendimientos del trabajo, excepto las dietas y gastos de viaje exceptuados de gravamen y las contribuciones satisfechas por promotores de planes de pensiones, de previsión social empresarial y de mutualidades de previsión social que reduzcan la base imponible.

- Los rendimientos del capital mobiliario.

- Los rendimientos procedentes del arrendamiento y subarrendamiento de inmuebles urbanos.

- Los rendimientos de actividades económicas.

- Las ganancias patrimoniales obtenidas como consecuencia de la transmisión o reembolso de acciones y participaciones representativas del capital o patrimonio de las instituciones de inversión colectiva, así como las derivadas de los aprovechamientos forestales de los vecinos en montes públicos.

- Los rendimientos procedentes de la propiedad intelectual, industrial, de la prestación de asistencia técnica, del arrendamiento o subarrendamiento de bienes muebles, negocios o minas, y los procedentes de la cesión del derecho a la explotación del derecho de imagen.

- Los premios que se entreguen como consecuencia de la participación en juegos, concursos, rifas o combinaciones aleatorias, estén o no vinculados a la oferta, promoción o venta de determinados bienes, productos o servicios.

3.3. Los rendimientos del trabajo

3.3.1. Concepto de rendimiento del trabajo

Artículo 17 LIRPF.

Tendrán la consideración de rendimientos íntegros del trabajo todas las contraprestaciones o utilidades, cualquiera que sea su denominación o naturaleza, dinerarias o en especie, que deriven, directa o indirectamente, del trabajo personal o de la relación laboral o estatutaria y no tengan el carácter de rendimientos de actividades económicas.

El artículo 17 LIRPF enumera una serie de rendimientos que tienen la consideración de rendimientos del trabajo en sentido estricto y unas rentas asimiladas a los rendimientos del trabajo.

En particular, se incluirán como renimientos del trabajo, artículo 17.1 LIRPF:

- Los sueldos y salarios.

- Las prestaciones por desempleo.

- Las retribuciones en concepto de gastos de representación.

- Las dietas y asignaciones para gastos de viaje, excepto los de locomoción y los normales de manutención y estancia en establecimientos de hostelería con los límites que reglamentariamente se establezcan.

- Las contribuciones o aportaciones satisfechas por los empleadores a planes de pensiones o sistemas alternativos a favor de sus empleados, siempre que las mismas sean imputadas a las personas a quienes se vinculen las prestaciones.

En todo caso, tendrán la consideración de rendimientos del trabajo, artículo 17.2 LIRPF:

- Las prestaciones no exentas provenientes de los diferentes sistemas de previsión social (Seguridad Social, mutualidades de funcionarios y de previsión social, planes de pensiones).
- Las cantidades percibidas por cargos públicos vinculados a asambleas legislativas (europeas, estatales, autonómicas y locales). Los gastos de viaje y desplazamiento quedan exceptuados de gravamen, sin límites.
- Los rendimientos derivados de impartir cursos, conferencias, seminarios y similares.
- Los rendimientos derivados de la elaboración de obras literarias, artísticas o científicas, siempre que se ceda el derecho a su explotación.
- Las retribuciones de administradores y miembros de Consejos de Administración y de otros órganos representativos.
- Las pensiones compensatorias recibidas del cónyuge y las anualidades por alimentos.
- Los derechos especiales de contenido económico que se reserven los fundadores o promotores de una sociedad como remuneración de servicios personales.
- Las becas no exentas.
- Las retribuciones percibidas por quienes colaboren en actividades humanitarias o de asistencia social, desarrolladas por entidades sin ánimo de lucro, siempre que no estén exentas.
- Las retribuciones derivadas de relaciones laborales de carácter especial: minusválidos que trabajen en centros especiales, personal de alta dirección, deportistas profesionales, servicio del hogar, penados en instituciones penitenciarias, representantes de comercio que no asuman el riesgo y ventura de las operaciones en las que participen y artistas en espectáculos públicos.
- Las aportaciones realizadas al patrimonio protegido de las personas con discapacidad.

3.3.2. Dietas exceptuadas de gravamen

Estarán exceptuadas de gravamen las asignaciones para gastos de locomoción y gastos normales de manutención y estancia en establecimientos de hostelería que, con carácter general, cumplan los requisitos y límites siguientes:

a) Gastos de locomoción correspondientes a desplazamientos del centro de trabajo habitual hacia otro lugar distinto:

- Cuando el desplazamiento se realiza en transporte público, la cantidad justificada con los billetes correspondientes.
- Cuando el desplazamiento se realiza en vehículo propio del trabajador: 0'26 euros por kilómetro recorrido, más los gastos de peajes y aparcamientos debidamente justificados.

b) Gastos de estancia correspondientes a desplazamientos realizados fuera del municipio en que se encuentra el centro de trabajo habitual: el importe justificado con las correspondientes facturas.

c) Gastos de manutención correspondientes a desplazamientos realizados fuera del municipio en que se encuentra el centro de trabajo habitual del trabajador:

- Si el desplazamiento se realiza en territorio español, 26,67 euros en el caso de que el trabajador no pernocte fuera de su domicilio y 53,34 euros cuando pernocte fuera de su domicilio.

- Si el desplazamiento se realiza al extranjero, 48,08 euros si el trabajador no pernocta fuera de su domicilio y 91,35 euros si pernocta fuera de su domicilio.

Asimismo, estará exento de tributación:

a) El exceso de retribución percibido por los trabajadores destinados en el extranjero sobre las retribuciones a percibid en su destino en España. Esta exención será incompatible con la aplicación de la exención regulada en el art. 6 LIRPF para los rendimientos del trabajo obtenidos en el extranjero.

b) Las cantidades abonadas por la empresa al trabajador por los gastos de locomoción, manutención y traslado de enseres, cuando se produzca su cambio de residencia por trasalado a otro municipio de su lugar de trabajo.

3.3.3. Las retribuciones en especie

Artículos 42 y 43 LIRPF.

Constituyen rentas en especie la utilización, consumo u obtención, para fines particulares, de bienes, derechos o servicios de forma gratuita o por precio inferior al normal de mercado, aun cuando no supongan un gasto real para quien las conceda.

Cuando el pagador de las rentas entregue al contribuyente importes en metálico para que éste adquiera los bienes, derechos o servicios, la renta tendrá la consideración de dineraria.

No se considerarán rendimientos del trabajo en especie:

- Los gastos de estudio para la capacitación o reciclaje del personal, cuando sean necesarios para el desarrollo de la actividad laboral.

- Las entregas gratuitas o a precios inferiores a los de mercado de acciones de la empresa (o de otra empresa del mismo grupo) a sus trabajadores, hasta el límite de los 12.000 euros por trabajador, con los requisitos establecidos en el art. 43 RIRPF.

- La prestación del servicio de educación a los hijos de los trabajadores de la empresa.

- El uso de los bienes destinados a servicios socioculturales de la empresa.

- La entrega de bienes a precio rebajado en comedores, cantinas o economatos, directa o indirectamente, siempre que la prestación se realice en días hábiles, sin coincidir en días en los que se devenguen dietas por manutención exceptuadas de gravamen. Las prestaciones que se realicen de forma indirecta no podrán superar los 11 euros diarios por trabajador.

- Las primas pagadas por seguros laborales o de responsabilidad civil y enfermedad laboral del trabajador.

- Las primas por seguros de enfermedad del trabajador, su cónyuge y descendientes con el límite de 500 euros por persona al año o de 1.500 para personas con discapacidad.

- Las cantidades satisfechas a las entidades encargadas de prestar el servicio público de transporte colectivo de viajeros con la finalidad de favorecer el desplazamiento de los empleados entre su lugar de residencia y el centro de trabajo, con el límite de 1.500 euros anuales para cada trabajador (se admitirán las formas indirectas de prestación del servicio en las condiciones establecidas reglamentariamente).

La valoración de las retribuciones en especie se realizará por el importe de la retribución íntegra, es decir, por el valor de la retribución en especie más el ingreso a cuenta correspondiente, siempre que no haya sido repercutido al trabajador por la empresa.

No existirá obligación de efectuar ingresos a cuenta respecto a las contribuciones satisfechas por los promotores de planes de pensiones, de planes de previsión social empresarial y de mutualidades de previsión social que reduzcan la base imponible (artículo 102.2 RIRPF).

Valoración de las retribuciones en especie, artículo 43 LIRPF:

Como regla general, las retribuciones en especie se valorarán por su valor normal de mercado.

Reglas especiales de valoración:

a) Utilización de vivienda propiedad del pagador: 10 por ciento del valor catastral sin revisar ó 5 por ciento del valor catastral revisado en los diez períodos impositivos anteriores. Si no existiera referencia catastral, 5 por ciento del 50 por ciento del valor de adquisición de la vivienda o del comprobado en otros tributos si fuera mayor.

La valoración resultante no podrá exceder del 10 por ciento de las restantes contraprestaciones del trabajo.

b) Utilización de vivienda que no sea propiedad del pagador: coste para el pagador, tributos incluidos, sin que pueda resultar inferior al determinado para la utilización de vivienda propiedad del pagador.

c) Cesión y entrega de vehículos automóviles: En el caso de entega del vehículo al trabajador, el coste de adquisición para la empresa, incluidos todos los gastos y tributos satisfechos.

En el caso de la cesión de uso al trabajador, el 20 por ciento del valor coste de adquisición si es propiedad de la empresa o del valor de mercado del vehículo si no es propiedad de la misma.

En el supuesto de cesión de uso y posterior entrega, el coste de adquisición menos las cantidades imputadas por uso anterior.

Las valoraciones anteriores se podrán reducir hasta en un 30 por ciento cuando los vehículos sean cosiderados energéticamente eficientes.

d) Los préstamos concedidos por la empresa al trabajador con interés inferior al legal del dinero: la diferencia entre el interés pactado y el legal del dinero.

e) Las prestaciones en concepto de manutención, hospedaje, viajes y similares, primas o cuotas satisfechas en virtud de contrato de seguro y cantidades destinadas a satisfacer gastos de estudios y manutención del contribuyente o de otras personas ligadas al mismo: el coste para el pagador.

f) Las contribuciones satisfechas a planes de pensiones o sistemas alternativos: el importe de la contribución.

Cuando el rendimiento de trabajo en especie sea satisfecho por empresas que tengan como actividad habitual la realización de las actividades que dan lugar al mismo, la valoración no podrá ser inferior al precio ofertado al público del bien, derecho o servicio de que se trate.

3.3.4. Determinación del rendimiento neto del trabajo

Para la determinación del rendimiento neto del trabajo a integrar en la base imponible general del impuesto se seguirá el procecimiento siguiente:

Cuadro 1: Rendimientos del trabajo a integrar en la base imponible

Fase 1	Importe íntegro de las retribuciones dinerarias y en especie (-) Reducciones aplicables (=) **Rendimiento íntegro del trabajo**
Fase 2	(-) Gastos deducibles (=) **Rendimiento neto previo del trabajo** (-) Otros gastos (=) **Rendimiento neto del trabajo**
Fase 3	(-) Reducción por la obtención de rendimientos del trabajo (=) **Rendimiento neto reducido del trabajo**

3.3.5. Reducciones aplicables

Artículo 18 LIRPF.

Como regla general, los rendimientos íntegros se computarán en su totalidad, salvo que les resulte de aplicación alguno de los siguientes porcentajes de reducción, que no resultarán de aplicación, cuando la prestación se perciba en forma de renta:

a) Con carácter general, se aplicará una reducción del 30 por ciento, sobre los rendimientos íntegros, exceptuados los procedentes de planes de pensiones y sistemas de previsión social alternativos, que tengan un período de generación superior a dos años y que no se obtengan de forma periódica o recurrente, así como aquellos que se califiquen reglamentariamente como obtenidos de forma notoriamente irregular en el tiempo cuando se imputen en un único período impositivo, requisito no exigido para los rendimientos derivados de la extinción de una relación laboral.

La cuantía del rendimiento íntegro sobre la que se aplicará la citada reducción no podrá superar el importe de 300.000 euros anuales.

Esta reducción no se aplicará a los rendimientos que tengan un período de generación superior a 2 años si en el plazo de los 5 períodos impositivos anteriores a aquel en que resulten exigibles, el contribuyente hubiera obtenido otros rendimientos con período de generación superior a 2 años a los que hubiera aplicado la reducción.

En el caso de los rendimientos obtenidos como consecuencia de extinción de una relación laboral que no se encuentren exentos de tributación, la cuantía del rendimiento íntegro sbobre la que se aplicará la reducción será de:

- En el caso de rencimientos no superiores a 300.000, la cuantía de rendimiento obtenido.

- En el caso de rendimientos superiores a 700.000 euros e inferiores a 1.000.000 de euros: el resutado de restar de 300.000 euros la cuantía dresultante de minorar en 700.000 euros el rendimiento obtenido.

- En el caso de rendimientos superiores a 1.000.000 de euros no se aplicará reducción alguna.

Se considerarán obtenidos de forma notoriamente irregular en el tiempo los siguientes rendimientos que se imputen a un único periodo impositivo:

- Las cantidades satisfechas por la empresa a los empleados con motivo del traslado a otro centro de trabajo que excedan del importe previsto en el art. 9 RIRPF.

- Las indemnizaciones derivadas de los regímenes públicos de Seguridad Social o Clases Pasivas, así como las prestaciones satisfechas por colegios de huérfanos e instituciones similares, en los supuestos de lesiones no invalidantes.

- Las prestaciones satisfechas por lesiones no invalidantes o incapacidad permanente, en cualquiera de sus grados, por empresas y por entes públicos.

- Las prestaciones por fallecimiento, y los gastos por sepelio o entierro que excedan del límite exento.

- Las cantidades satisfechas en compensación o reparación de complementos salariales, pensiones o anualidades de duración indefinida o por la modificación de las condiciones de trabajo.

- Las cantidades satisfechas por la empresa a los trabajadores por la resolución de mutuo acuerdo de la relación laboral.

- Los premios literarios, artísticos o científicos no exentos.

b) Se aplicará una reducción del 30 por ciento a las prestaciones procedentes de regímenes públicos de previsión social, percibidas en forma de capital, siempre que hayan transcurrido más de 2 años desde la primera aportación (excepto en el caso de las prestaciones por invalidez).

3.3.6. Gastos deducibles

Artículo 19 LIRPF.

Tendrán la consideración de gastos deducibles para la determinación del rendimiento neto del trabajo:

a) Las cotizaciones a la Seguridad Social o a mutualidades generales obligatorias de funcionarios, detracciones por derechos pasivos, cotizaciones a los colegios de huérfanos o entidades similares.

b) Las cuotas satisfechas a sindicatos (sin límite de cuantía) y colegios profesionales, cuando la colegiación tenga carácter obligatorio, en la parte que corresponda a los fines esenciales de estas instituciones, y con el límite de 500 euros anuales.

c) Los gastos de defensa jurídica derivados directamente de litigios suscitados en la relación del contribuyente con la persona de la que percibe los rendimientos, con el límite de 300 euros anuales.

Otros gastos deducibles:

a) En concepto de otros gastos distintos de los anteriores, se aplicará una reducción general de 2.000 euros anuales.

b) Los trabajadores discapacitados incrementarán esta cantidad en 3.500 euro anuales y en 7.750 euros cuando tengan grado de discapacidad superior al 65 por ciento o movilidad reducida.

c) Los trabajadores desempleados que trasladen su residencia habitual a otro municipio, incrementará la deducción general en 2.000 euros en el ejercicio de cambio de residencia y el siguiente.

Estas reducciones tendrán como límite máximo conjunto el rendimiento neto previo del trabajo.

3.3.7. Reducción por rendimientos del trabajo

Artículo 20 LIRPF.

Los contribuyentes con rendimientos netos del trabajo inferiores a 19.747,5 euros y que no tengan rentas, excluidas las exentas, distintas de las del trabajo superiores a 6.500 euros, minorarán el rendimiento neto del trabajo en las siguientes cuantías, sin que como consecuencia de la aplicación de esta reducción el saldo resultante pueda ser negativo:

- Los que obtengan un rendimiento neto del trabajo igual o inferior a 14.852 euros, aplicarán una reducción de 7.302 euros anuales.

- Los que obtengan un rendimiento neto del trabajo superior a 14.852 euros e igual o inferior a 17.673,52 euros, aplicarán la reducción que resulte de la siguiente fórmula: R = 7.302 – 1,75 (RNT – 14.852).

- Los que obtengan un rendimiento neto del trabajo mayor a 17.673,52 euros e igual o inferior a 19.747,5 euros, aplicarán la reducción que resulte de la siguiente fórmula: R = 2.364,34 – 1,14 (RNT – 17.673,52).

Cuadro 2: Reducción sobre el rendimiento neto del trabajo

RNT ≤ 14.047,5	7.302
14.852 < RNT ≤ 17.673,52	7.302 – 1,75 (RNT – 14.852)
17.673,52 < RNT ≤ 19.747,5	2.364,34 – 1,14 (RNT – 17.673,52).

A los efectos de la aplicación de esta reducción, se considerará rendimiento neto del trabajo el resultante de minorar el rendimiento íntegro en los gasos previstos en las letras a) a e) del artículo 19.2 LIRPF. Como consecuencia de esta reducción, el rendimiento del trabajo no podrá resultar negativo.

3.4. Los rendimientos del capital

Art. 21 LIRPF.

Tendrán la consideración de rendimientos íntegros del capital la totalidad de las utilidades o contraprestaciones, cualquiera que sea su denominación o naturaleza, dinerarias o en especie, que provengan, directa o indirectamente, de elementos patrimoniales, bienes o derechos, cuya titularidad corresponda al contribuyente y no se hallen afectos a actividades económicas realizadas por éste.

Las rentas derivadas de la transmisión de la titularidad de los elementos patrimoniales, aun cuando exista un pacto de reserva de dominio, tributarán como ganancias o pérdidas patrimoniales, salvo que la ley los califique como rendimientos de capital.

El artículo 21.2 LIRPF distingue dos categorías de rendimientos de capital:

- Los procedentes de los bienes inmuebles, tanto rústicos como urbanos, que no se hallen afectos a actividades económicas realizadas por el contribuyente.

- Los que provengan del capital mobiliario y, en general, de los restantes bienes o derechos de que sea titular el contribuyente, que no se encuentren afectos a actividades económicas realizadas por éste.

3.5. Los rendimientos del capital inmobiliario

3.5.1. Concepto

Artículo 22.1 LIRPF.

Tendrán la consideración de renidmientos de capital inmobiliario los rendimientos íntegros procedentes de la titularidad de bienes rústicos y urbanos o de derechos reales que recaigan sobre los mismos derivados de:

- El arrendamiento de bienes rústicos o urbanos.

- La constitución o cesión de derechos o facultades de uso o disfrute sobre inmuebles rústicos o urbanos.

Las cantidades percibidas en los subarriendos por el subarredador tendrán la consideración de rendimiento de capital mobiliario, siempre que no constituyan rendimientos de actividades económicas (art. 25.4.c LIRPF).

El arrendamiento de inmuebles tendrá la consideración de actividad económica cuando se cuente al menos con una persona contratada con un contrato laboral a jornada completa para el desempeño de dicha gestión (art. 27.2 LIRPF).

Cuadro 3: Determinación del rendimiento de capital inmobiliario

Fase 1	Ingresos íntegros (-) Gastos deducibles (=) **Rendimiento neto de capital inmobiliario**
Fase 2	(-) Reducción por alquiler de vivienda (-) Reducción por rendimientos irregulares (=) **Rendimiento neto reducido de capital inmobiliario**

3.5.2. Rendimiento íntegro

Artículo 22.2 LIRPF.

Se computará como rendimiento íntegro de capital inmobiliario el importe que, por todos los conceptos (IVA e IGIC excluidos), perciba el titular del inmueble o el derecho real sobre el mismo, procedente del adquirente, cesionario, arrendatario o subarrendatario, incluyendo en su caso el importe correspondiente a todos aquellos bienes cedidos con el inmueble.

3.5.3. Gastos deducibles

Artículo 23 LIRPF.

Tendrán la consideración de gastos deducibles para la determinación del rendimiento neto del capital inmobiliario, todos los gastos necesarios para su obtención, incluyendo:

a) Los intereses de capitales ajenos invertidos en la adquisición o mejora del bien o derecho y demás gastos de financiación, así como los gastos de reparación y conservación. Tienen la consideración fiscal de gastos de conservación los efectuados regularmente con la finalidad de mantener el uso normal de los bienes materiales y los de sustitución de elementos, cono instalaciones de calefacción, ascensor, etc. No se incluirán como tales los gastos realizado en ampliaciones o mejoras del inmueble.

El importe total a deducir por estos gastos no podrá exceder, para cada bien o derecho, de la cuantía de los rendimientos íntegros obtenidos. El exceso se podrá deducir en los cuatro años siguientes, con el mismo límite.

b) Los tributos y recargos no estatales, así como tasas y recargos estatales, cuyo carácter no sea sancionador.

c) Las cantidades devengadas por terceros como consecuencia de servicios personales, tales como los de administración, vigilancia, portería o similares

d) Los gastos necesarios para la formalización del arrendamiento.

e) El importe de las primas de contrato de seguro, de responsabilidad civil, incendio, robo, rotura de cristales y otros de naturaleza análoga sobre los bienes o derechos generadores de los rendimientos.

f) Las cantidades destinadas a servicios o suministros.

g) Los saldos de dudoso cobro siempre que esta circunstancia quede suficientemente justificada.

h) Las cantidades destinadas a la amortización del inmueble y de los demás bienes cedidos con el mismo, siempre que respondan a su depreciación efectiva. En el arrendamiento de inmuebles la depreciación efectiva se cumple cuando, en cada año, no exceda del resultado de aplicar el 3 % sobre el mayor de los siguientes valores: el coste de adquisición satisfecho o el valor catastral, sin incluir en el cómputo el del suelo. Cuando no se conozca el valor del suelo, éste se calculará prorrateando el coste de adquisición satisfecho entre los valores catastrales del suelo y de la construcción de cada año.

3.5.4. Reducciones aplicables

Art. 23 LIRPF.

A) Inmuebles destinados a vivienda.

A partir del 1 de enero de 2014, se aplicará una reducción del 50 por ciento al rendimiento neto positivo derivado del arrendamiento de inmuebles destinados a vivienda, que podrá incrementarse al:

a) 60 por ciento si la vivienda ha sido rehabilitada en los dos años anteriores a la firma del contrato.

b) 70 por ciento cuando se produzca el alquiler por primera vez en una zona de mercado residencial tensionado y el arrendatario tenga entre 18 y 35 años, y cuando se trate de vivienda asequible incentivada o protegida y el arrendatario sea una Administración Pública o una entidad sin fin lucrativo o acogida a algún programa público de vivienda que limite la renta del alquiler (alquiler social o de personas vulnerables).

C) 90 por ciento cuando la vivienda esté situada en una zona de mercado tensionado y la renta inicial se rabaje en más de un 5% sobre la última renta, una vez aplicaeo en su caso la cláusula de actualización anual del contrato anterior.

B) Reducción por rendimientos irregulares.

Se aplicará una reducción del 30% a los rendimientos netos con un período de generación superior a dos años, así como los que se califiquen reglamentariamente como obtenidos de forma notoriamente irregular en el tiempo y se imputen en un único período impositivo. Tendrán esta consideración, artículo 15 RIRPF:

a) Los importes obtenidos por el traspaso o la cesión del contrato de arrendamiento de locales de negocio.

b) Las indemnizaciones percibidas del arrendatario, subarrendatario o cesionario por los daños o desperfectos en el inmueble.

c) Los importes obtenidos por la constitución o cesión de derechos de uso o disfrute de carácter vitalicio.

La cuantía del rendimiento sobre el que se aplica esta reducción no podrá superar el importe de 300.000 euros anuales.

3.5.5. Rendimientos en caso de parentesco

Artículo 24 LIRPF.

Cuando el adquirente, cesionario, arrendatario o subarrendatario del bien inmueble o del derecho real que recaiga sobre el mismo sea el cónyuge o un pariente, incluidos los afines, hasta el tercer grado inclusive, del contribuyente, el rendimiento neto total no podrá ser inferior al que se derivaría en el caso de imputación de rentas inmobiliarias previsto en el artículo 85 LIRPF.

3.6. La imputación de rentas inmobiliarias

Artículo 85 LIRPF.

Régimen especial aplicable a inmuebles urbanos, y rústicos con construcciones que no resulten indispensables para el desarrollo de explotaciones agrícolas, ganaderas o forestales, no afectos en ambos casos a actividades económicas, ni generadores de rendimientos del capital.

No es aplicable a:

a) La vivienda habitual (edificación que constituya la residencia del contribuyente durante un plazo continuado de al menos tres años).

Forman parte de la vivienda habitual los jardines, piscinas, instalaciones deportivas, etc., y las plazas de garaje y trasteros, hasta un máximo de dos, que se adquieran conjuntamente con la vivienda.

b) El suelo no edificado.

c) Los inmuebles en construcción.

d) Los inmuebles que no sean susceptibles de uso por razones urbanísticas.

e) Los derechos reales de aprovechamiento por turno de bienes inmuebles cuya duración no exceda de 2 semanas al año.

La cuantificación de la renta objeto de imputación se realizará, con carácter general, aplicando un porcentaje del 2% sobre el valor catastral de la vivienda, incluyendo el valor del suelo, determinándose proporcionalmente al número de días que corresponda en cada período impositivo.

Se aplicará un porcentaje del 1,1% en los siguientes casos:

a) En el caso de inmuebles localizados en municipios en los que los valores catastrales hayan sido revisados, modificados o determinados mediante un procedimiento de valoración colectiva de carácter general, de conformidad con la normativa catastral, y hayan entrado en vigor en el período impositivo o en los 10 anteriores.

B) Sobre el 50% del mayor de los siguientes valores: el comprobado por la Administración a efectos de otros tributos o el valor de adquisición, cuando a la fecha de devengo del impuesto los inmuebles carecieran de valor catastral o éste no hubiera sido notificado al titular.

Cuando existan derechos reales de disfrute, la renta computable a estos efectos en el titular del derecho será la que correspondería al propietario.

En los supuestos de derechos de aprovechamiento por turno de bienes inmuebles, la imputación se efectuará al titular del derecho real, prorrateando el valor catastral en función de la duración anual del periodo de aprovechamiento.

3.7. Los rendimientos del capital mobiliario

3.7.1. Concepto y clasificación

El artículo 25 LIRPF clasifica los rendimientos de capital mobiliario en cuatro grupos:

- Los rencimientos obtenidos por la participación en fondos propios de entidades.
- Los rendimientos obtenidos por la cesión a terceros de capitales propios.
- Los rendimientos procedentes de operaciones de capitalización, de contratos de seguros de vida o invalidez y de rentas derivadas de la imposición de capitales.
- Otros rendimientos de capital mobiliario.

Las retribuciones en especie de capital mobiliario se valorarán por su valor normal de mercado (artículo 42 LIRPF) más el ingreso a cuenta correspondiente. El ingreso a cuenta será el resultado de aplicar el tipo de retención que corresponde a estos rendimientos, con carácter general el 19%, sobre el resultado de incrementar en un 20% el valor de adquisición o coste para el pagador del bien o servicio entregado como retribución en especie (artículo 103 RIRPF).

3.7.2. Rendimientos obtenidos por la participación en fondos propios de entidades

Artículo 25.1 LIRPF.

Incluye los siguientes rendimientos, dinerarios o en especie:

a) Dividendos, primas de asistencia a juntas y participaciones en beneficios de cualquier tipo de entidad.

b) Rendimientos procedentes de cualquier clase de activos, excepto la entrega de acciones liberadas, que, estatutariamente o por decisión de los órganos sociales, faculten para participar en los beneficios, ventas, operaciones, ingresos o conceptos análogos de una entidad por causa distinta a la remuneración del trabajo personal.

c) Rendimientos derivados de la constitución o cesión de derechos o facultades de uso o disfrute, cualquiera que sea su denominación o naturaleza, sobre los valores o participaciones que representen la participación en los fondos propios de la entidad.

d) Cualquier otra utilidad procedente de una entidad por la condición de socio, accionista, asociado o partícipe.

Estarán sujetos a la aplicación de una retención del 19%.

3.7.3. Rendimientos obtenidos por la cesión a terceros de capitales propios

Artículo 25.2 LIRPF.

Tienen esta consideración las contraprestaciones de todo tipo, cualquiera que sea su denominación o naturaleza, dinerarias o en especie, como los intereses y cualquier otra forma de retribución pactada como remuneración por tal cesión, así como las derivadas de la transmisión, reembolso, amortización, canje o conversión de cualquier clase de activos representativos de la captación y utilización de capitales ajenos.

En particular, incluye:

- Los intereses y cualquier otra forma de contraprestación pactada como remuneración por dicha cesión, en particular las derivadas de cuentas en instituciones financieras y operaciones sobre activos financieros.

- Las contraprestaciones derivadas de la transmisión, reembolso, amortización, canje o conversión de cualquier clase de activos representativos de la captación y utilización de capitales ajenos.

Se computará como rendimiento íntegro la diferencia entre el valor de transmisión y su valor de adquisición o suscripción. En el caso de canje o conversión, se tomará el valor correspondiente al activo recibido. Se incluirán los gastos accesorios de adquisición o transmisión justificados.

No se integrarán en la base imponible los rendimientos negativos derivados de la transmisión de activos financieros cuando en el plazo de los 2 meses anteriores o posteriores se hayan adquirido valores homogéneos. Su integración se realizará a medida que se transmitan los activos financieros que permanezcan en el patrimonio del contribuyente.

- Los rendimientos procedentes de cualquier instrumento de giro, incluidos los originados por operaciones comerciales a partir del momento en que se endose o transmita, salvo que el endoso o la cesión se realice como pago de un crédito de proveedores o suministradores.
- Las rentas derivadas de operaciones de cesión temporal de activos financieros con pacto de recompra.
- Las rentas satisfechas por entidades financiera en la transmisión, cesión o transferencia de un crédito.

Los rendimientos íntegros obtendios estarán sujetos a una retención del 19% de su cuantía.

3.7.4. Rendimientos procedentes de operaciones de capitalización, seguros de vida o invalidez

Artículo 25.3 LIRPF.

Incluye los siguientes rendimientos:

a) Los rendimientos dinerarios o en especie procedentes de operaciones de capitalización y de contratos de seguro de vida o invalidez, excepto cuando, con arreglo a lo previsto en el artículo 17.2.a) LIRPF, deban tributar como rendimientos del trabajo.

b) Las rentas vitalicias u otras temporales que tengan por causa la imposición de capitales, salvo cuando hayan sido adquiridas por herencia, legado o cualquier otro título sucesorio.

3.7.5. Otros rendimientos de capital mobiliaro

Artículo 25.4 LIRPF.

En este grupo se incluyen los siguientes rendimientos, dinerarios o en especie:

- Los procedentes de la propiedad intelectual cuando el contribuyente no sea el autor y los procedentes de la propiedad industrial que no se encuentre afecta a actividades económicas desarrolladas por el contribuyente.
- Los procedentes de la prestación de asistencia técnica, salvo que dicha prestación tenga lugar en el ámbito de una actividad económica.
- Los procedentes del arrendamiento de bienes muebles, negocios o minas, así como los procedentes del subarrendamiento que haya sido percibidos por el subarrendador, siempre que no constituyan actividades económicas.

- Los procedentes de la cesión del derecho a la explotación de la imagen o del consentimiento o autorización para su utilización, salvo que dicha cesión tenga lugar en el ámbito de una actividad económica.

3.7.6. Gastos deducibles

Artículo 26.1 LIRPF.

Para la determinación del rendimiento neto del capital mobiliario se considerarán como gastos deducibles:

- Los gastos de administración y depósitos de valores negociables, que repercutan las empresas de servicios de inversión, entidades de crédito u otras entidades financieras que tengan por finalidad retribuir la prestación del servicio de depósito de valores representados en forma de títulos o de la administración de valores representados en anotaciones en cuenta.

- Cuando se trate de rendimientos derivados de la prestación de asistencia técnica, del arrendamiento de bienes muebles, negocios o minas o de subarrendamientos, se deducirán de los rendimientos íntegros todos los gastos necesarios para su obtención y los gastos de la amortización correspondiente al deterioro sufrido por los bienes o derechos de los que procedan los ingresos.

3.7.7. Reducciones aplicables sobre el rendimiento neto de capital mobiliario

Artículo 26.2 LIRPF.

En el caso de los rendimientos neto de capital mobiliario previstos en el artículo 25.4 LIRPF ("otros rendimientos de capital mobiliario"), que tengan un período de generación superior a dos años o que se califiquen reglamentariamente como obtenidos de forma notoriamente irregular en el tiempo, se aplicará una reducción del 30% cuando se imputen en un único período impositivo. Tendrán esta consideración, artículo 21 RIRPF:

a) Los importes obtenidos por el traspaso o la cesión del contrato de arrendamiento.

b) Las indemnizaciones percibidas del arrendatario o subarrendatario por daños o desperfectos en los supuestos de arrendamiento.

c) Los importes obtenidos por la constitución o cesión de derechos de uso o disfrute de carácter vitalicio.

La cuantía del rendimiento neto sobre la que se aplica esta reducción no puede superar el importe de 300.000 euros anuales.

3.8. Los rendimientos de actividades económicas

3.8.1. Concepto

Artículo 27 LIRPF.

Tendrán la consideración de rendimientos íntegros de actividades económicas aquellos que, procediendo del trabajo personal y del capital conjuntamente, o de uno solo de estos factores, supongan por parte del contribuyente la ordenación por cuenta propia de medios de producción y de recursos humanos o de uno de ambos, con la finalidad de intervenir en la producción o distribución de bienes o servicios.

En particular, tienen esta consideración los rendimientos de las actividades extractivas, de fabricación, comercio o prestación de servicios, incluidas las de artesanía, agrícolas, forestales, ganaderas, pesqueras, de construcción, mineras, y el ejercicio de profesiones liberales, artísticas y deportivas.

Cuando se trate de rendimientos obtenidos por el contribuyente procedentes de una entidad en cuyo capital participe, derivados de la realización de actividades profesionales, tendrán la consideración de rendimientos de actividades económicas cuando el contribuyente esté incluido en el régimen especial de la Seguridad Social de trabajadores por cuenta ajena o autónomos o en una mutualidad de previsión social que actúe como alternativa a éste régimen especial.

Se entenderá que el arrendamiento de inmuebles se realiza como actividad económica únicamente cuando para su realización se utilice, al menos, una persona empleada con contrato laboral y a jornada completa.

Cuadro 4: Determinación del rendimiento neto de actividades económicas

Fase 1	Ingresos íntegros (-) Gastos deducibles (=) **Rendimiento neto**
Fase 2	(-) Reducción por rendimientos irregulares (-) Reducciones por tipo de actividad (-) Reducciones por inicio de actividad (=) **Rendimiento neto reducido**

3.8.2. Reglas generales para la determinación del rendimiento neto

Artículo 28 LIRPF.

El rendimiento neto se determinará según las normas del Impuesto sobre Sociedades, sin perjuicio de las reglas especiales contenidas en la LIRPF para la estimación directa (artículos 28 y 30) y la estimación objetiva (artículo 31).

Para determinar el importe neto de la cifra de negocios se tendrá en cuenta el conjunto de actividades desarrolladas por el contribuyente. En el caso de entidades que tributen en régimen de atribución de rendimientos se tendrá en cuenta, exclusivamente, el conjunto de actividades económicas ejercidas por dichas entidades.

En la determinación del rendimiento neto de las actividades económicas no se incluirán las ganancias o pérdidas patrimoniales derivadas de los elementos patrimoniales afectos a las mismas, que serán gravados como tales ganancias o pérdidas patrimoniales.

Se atenderá al valor normal en el mercado de los bienes o servicios objeto de la actividad que el contribuyente ceda o preste a terceros de forma gratuita o destine al uso o consumo propio. Asimismo, cuando medie contraprestación y ésta sea notoriamente inferior al valor normal en el mercado de los bienes y servicios, se atenderá a este último.

3.8.3. Regímenes de determinación del rendimiento neto

Artículos 30 y 31 LIRPF.

Los rendimientos de actividades económicas se determinarán por alguno de los siguientes regímenes:

a) Estimación directa, en su modalidades normal y simplificada.

La estimación directa simplificada se aplicará, salvo renuncia, a los contribuyentes que ejerzan actividades económicas y todas cumplan los siguientes requisitos:

- Que no determinen el rendimiento neto por el régimen de estimación objetiva.

- Que el importe neto de cifra de negocios, para el conjunto de actividades desarrolladas por el contribuyente, no supere los 600.000 euros en el año inmediato anterior.

En el primer año de actividad (siempre que en el anterior no se hubiere ejercido actividad alguna) se determinará el rendimiento neto por esta modalidad salvo que se hubiera renunciado a la misma.

Cuando en el año inmediato anterior se hubiera iniciado una actividad, el importe neto de la cifra de negocios se elevará al año.

En el supuesto de renuncia o exclusión de la modalidad simplificada, el contribuyente determinará el rendimiento neto de todas sus actividades económicas por la modalidad de estimación directa normal durante los tres años siguientes.

b) Estimación objetiva, que podrá aplicarse a cada una de las actividades independientes en que concurran las siguientes circunstancias:

- Que estén comprendidas entre las actividades citadas en la Orden Ministerial que regula este régimen.

- Que el contribuyente no desarrolle ninguna actividad económica en la que el rendimiento se determine mediante la aplicación del régimen de estimación directa.

- Que el volumen de rendimientos íntegros en el año inmediato anterior del conjunto de actividades ejercidas por el contribuyente, excluidas la agrícolae, ganaderas y forestales, no supere los 150.000 euros. En el ejercicio 2025 este lñimite será de 250.000 euros. Para el conjunto de actividades agrícolas, ganaderas y forestales, el límite se establece en 250.000 euros.

- Que el volumen de compras en bienes y servicios, excluidas las de inmovilizado, en el año inmediato anterior no supere la cantidad de 150.000 euros.

- Que las actividades económicas no se desarrollen, total o parcialmente, fuera del ámbito de aplicación del Impuesto

3.8.4. Normas aplicables en la estimación directa normal

Artículo 30 LIRPF.

El rendimiento neto de la actividad se determinará según las normas del Impuesto sobre Sociedades, teniendo en cuenta las siguientes reglas especiales:

a) No tendrán la consideración de gasto fiscalmente deducible en la determinación del rendimiento neto las aportaciones a mutualidades de previsión social del propio empresario o profesional.

b) Tendrán la consideración de gasto deducible en la determinación del rendimiento neto:

- Las cantidades abonadas a contratos de seguros de enfermedad y accidentes concertados con mutualidades por profesionales no integrados en el régimen de trabajadores por cuenta propia o autónomos de la Seguridad Social, con el límite de la cuota máxima por contingencias comunes establecida en ese régimen especial en cada ejercicio.

- Las primas de seguro de enfermedad satisfechas por el contribuyente en la parte correspondiente a su propia cobertura, la de su cónyuge e hijos menores de 25 años que convivan con él, con el límite de 500 euros por persona (1.500 en el caso de personas con discapacidad).

- Las retribuciones satisfechas al cónyuge o hijos menores que convivan con el contribuyente y que trabajen en su actividad económica de forma habitual y continuada, con contrato laboral y afiliación a la Seguridad Social, siempre que no excedan del valor normal de mercado.

- La contraprestación estipulada, siempre que no exceda de la normal de mercado, por la cesión de bienes o derechos del cónyuge (siempre que no sean comunes) e hijos menores para el desarrollo de la actividad.

- En los casos en que el contribuyente afecte parcialmente su vivienda habitual al desarrollo de la actividad económica, los gastos de suministros de dicha vivienda, tales como agua, gas, electricidad, telefonía e Internet, en el porcentaje resultante de aplicar el 30 por ciento a la proporción existente entre los metros cuadrados de la vivienda destinados a la actividad respecto a su superficie total, salvo que se pruebe un porcentaje superior o inferior.

- Los gastos de manutención del propio contribuyente incurridos en el desarrollo de la actividad económica, siempre que se produzcan en establecimientos de restauración y hostelería y se abonen utilizando cualquier medio electrónico de pago, con los límites cuantitativos establecidos reglamentariamente para las dietas y asignaciones para gastos normales de manutención de los trabajadores.

c) Serán de aplicación los incentivos fiscales de libertad de amortización y, en su caso, los correspondientes a empresas de reducida dimensión recogidos en la LIS.

3.8.5. Normas aplicables en la estimación directa simplificada

Artículo 30 LIRPF.

El rendimiento neto de las actividades económicas a las que sea de aplicación la modalidad simplificada se determinará siguiendo las normas para la estimación directa normal, con las siguientes especifidades relativas a los gastos fiscalmente deducibles:

- Las amortizaciones de los elementos de inmovilizado material se practicarán de forma lineal, en función de la aplicación de la tabla de amortización simplificada.

Cuadro 5: Tabla de amortización simplificada

Grupo	Elemento patrimonial	Coeficiente lineal máximo	Período máximo de amortiz.
1	Edificios y otras construcciones	3	68
2	Instalaciones, mobiliarios, enseres y resto del inmovilizado material	10	20
3	Maquinaria	12	18
4	Elementos de transporte	16	14
5	Equipos para el tratamiento de la información, sistemas y programas informáticos	26	10
6	Útiles y herramientas	30	8
7	Ganado vacuno, porcino, ovino y caprino	16	14
8	Ganado equino y frutales no cítricos	8	25
9	Frutales cítricos y viñedos	4	50
10	Olivar	2	100

Sobre las cuantías de amortización que resulten de esta tabla, serán de aplicación los incentivos fiscales recogidos en la LIS para las empresas de reducida dimensión.

- El conjunto de las provisiones deducibles y de los gastos de difícil justificación se cuantificarán aplicando el porcentaje del 5% sobre el rendimiento neto, excluido dicho concepto, con límite de 2.000 euros anuales. La aplicación de esta deducción es incompatible con la reducción por el ejercicio de actividades económicas regulada en el art. 32.2 LIRPF.

3.8.6. Normas aplicables en la estimación objetiva

Artículo 31 LIRPF.

El rendimiento neto se calculará de forma separada para cada actividad, utilizando los signos, índices o módulos contenidos en la Orden Ministerial aplicable

La aplicación de este régimen de estimación nunca dará lugar al gravamen de las ganancias patrimoniales que, en su caso, pudieran producirse por las diferencias entre los rendimientos reales de la actividad y los derivados de la correcta aplicación de la estimación objetiva.

Para la determinación del rendimiento neto de la estimación objetiva es necesario distinguir entre las actividades agrícolas, ganaderas y forestales y el resto de actividades.

El procedimiento general para la determinación del rendimiento neto será el desarrollado en el Cuadro 5:

a) La Fase 1 consiste en la determinación del rendimiento neto previo, que será la suma de las cuantías correspondientes a los signos o módulos previstos para la actividad.

Se obtiene multiplicando el número de unidades de módulos empleados en el desarrollo de la actividad por el rendimuiento anual establecido para cada uno de ellos.

b) La Fase 2 consiste en el cálcilo del rendimiento neto minorado, que será el resultado de minorar el rendimiento neto previo en el importe de los incentivos al empleo y a la inversión.

c) La Fase 3 es el cálculo del rendimiento neto de módulos, determinado aplicando al rendimiento neto minorado los índices correctores que correspondan (generales, especiales, pare empresas de reducida dimensión, de temporada, del exceso, de nuevas actividades…).

d) La Fase 4 consiste en la determinación del rendimiento neto de la actividad, que será el resultado de minorar el rendimiento neto de módulos mediante la aplicación de la reducción general del 5%, y en el importe de los gastos extraordinarios, si los hubiera, ajenos al desarrollo normal de la actividad, e incrementarlo en el importe correspondiente a otras percepciones empresariales, como pueden ser subvenciones corrientes y de capital.

e) Finalmente, la Fase 5 lleva a la determinación del rendimiento neto reducido de la actividad, mediante la aplicación, en su caso, de la reducción por la obtención de rendimientos irregulares regulada en el artículo 32.1 LIRPF.

Cuadro 6: Determinación del rendimiento neto en estimación objetiva

Fase 1	Número de unidades de Módulo (x) Cuatía de los módulos (=) **Rendimiento neto previo**
Fase 2	(-) Minoración por incentivos al empleo (-) Minoración por incentivos a la inversión (=) **Rendimiento netominorado**
Fase 3	(x) Índices corretores **(=) Rendimiento neto de módulos**
Fase 4	(-) Reducción general (-) Reducción por gastos extraordinarios (+) Otras percepciones empresariales **(=) Rendimiento neto de la acitvidad**
Fase 5	(-) Reducción por rendimientos irregulares **(=) Rendimiento neto reducido de la actividad**

3.8.7. Reducciones aplicables

Artículo 32 LIRPF.

En la determinación del rendimiento neto reducido de actividades económicas, resultarán de aplicación las siguientes reducciones:

A) Reducción por rentas irregulares, artículo 32.1 LIRPF.

Se aplicará una reducción del 30% sobre los rendimientos netos con un período de generación superior a dos años, así como aquéllos que se califiquen reglamentariamente como obtenidos de forma notoriamente irregular en el tiempo, cuando se imputen a un único período impositivo.

Tendrán esta consideración, artículo 25 RIRPF:

a) Las subvenciones de capital para la adquisición de elementos de inmovilizado no amortizable.

b) Las indemnizaciones y ayudas por cese de actividades económicas.

c) Los premios literarios, artísticos o científicos que no gocen de exención en el impuesto. A estos efectos, no tendrán la consideración de premios las contraprestaciones económicas derivadas de la cesión de derechos de propiedad intelectual o industrial o que sustituyan a éstas.

d) las indemnizaciones percibidas en sustitución de derechos económicos de duración indefinida.

La cuantía del rendimiento neto sobre la que se aplica esta reducción no podrá superar el importe de 300.000 euros anuales.

B) Reducción por el ejercicio de determinadas actividades económicas, artículo 32.2 LIRPF.

Será de aplicación por los contribuyentes que cumplan los siguientes requisitos:

- Que determinen el rendimiento neto de su actividad mediante la aplicación del régimen de estimación directa.

Si aplican el régimen de estimación directa simplificada, será incompatible con la aplicación de la reducción del 5 por ciento en concepto de gastos de difícil justificación.

- Que la totalidad de sus entregas de bienes o prestaciones de servicios se realice a una única persona, física o jurídica, no vinculada, o que el contribuyente tenga la condición de trabajador autónomo económicamente dependiente.
- Que el conjunto de sus gastos deducibles no exceda del 30 por ciento de los rendimientos íntegros declarados.
- Que, al menos, el 70 por ciento de sus ingresos en el período impositivo estén sujetos a retención o a ingreso a cuenta.
- Que no perciban en el período impositivo rendimientos netos del trabajo, excluidas prestaciones por desempleo no superiores a 4.000 euros.
- Que no realicen ningua actividad económica a través de entidades en régimen de atribución de rentas.
- Que cumpla todas las actividades formales y de control establecidas.

El importe de la reducción será el siguiente:

a) Reducción general de 2.000 euros.

b) Reducción adicional:

Los contribuyentes con rendimientos netos de actividades económicas inferiores a 19.747,5 euros y que no tengan rentas, excluidas las exentas, distintas de las actividades económicas superiores a 6.500 euros, minorarán el rendimiento neto de la actividad en las siguientes cuantías, sin que como consecuencia de la aplicación de esta reducción el saldo resultante pueda ser negativo:

- Los que tengan un rendimiento neto de actividades económicas igual o inferior a 14.047,5 euros, aplicarán una reducción de 6.498 euros anuales.
- Los que tengan un rendimiento neto de actividades económicas mayor o igual a 14.047,5 euros e inferior a 19.747,5 euros aplicarán la reducción que resulte de la siguiente fórmula: R = 6.498 – 1,14 (RNT – 14.047,5).

Los contribuyentes con discapacidad aplicarán una reducción de 3.500 euros anuales, que se incrementará a 7.775 euros anulaes en el caso de que acrediten necesitar ayuda de terceras personas o movilidad reducida, o un grado de discapacidad igual o superior al 65 por ciento.

Cuadro 7: Reducción por el ejercicio de determinadas actividades económicas

Reducción General	2.000
Reducciones adicionales:	
RNAE ≤ 14.047,5	6.498
14.047,5 ≤ RNAE ≤ 19.747,5	6.498 – 1,14 (RNAE – 14.047,5)
Contribuyentes con discapadidad	3.500 7.750

Como consecuencia de estas reducciones, el rendimiento no podrá resultar negativo.

c) Los trabajadores autónomos que no cumplan los requisitos para aplicar la reducción adicional anterior, siempre que tengan unas rentas no exentas inferiores a 12.000 euros, incluidas las de la propia actividad económica, podrán aplicarse una reducción de:

- 1.620 euros anuales cuando sus rentas no exentas no superen los 8.000 euros.
- Cuando el importe de sus rentas no exentas esté comprendido entre 8.000,01 y 12.000 euros anaules, aplciará la reducción que resulte de la siguiente fórmula: R = 1.620 – 0,405 (Rentas no exentas – 8.000).

El importe conjunto de esta reducción y la reducción por rendimientos del trabajo no puede superar los 3.700 euros.

Cuadro 8: Reducción aplicable para el resto de trabajadores autónomos

RNE ≤ 8.000	1.620
8.000,01 ≤ RNE ≤ 12.000	1.620 – 0,405 (RNE – 8.000)

C) Reducción por el ejercicio de determinadas actividades económicas, artículo 32.3 LIRPF.

Los contribuyentes que inicien una actividad económica y determinen el rendimiento neto de la misma mediante la aplicación del régimen de estimación directa, podrán aplicar en el primer período impositivo en el que el resultado sea positivo y el período siguiente una reducción del 20% del rendimiento neto postivo minorado en las reducciones reguladas en los apartados 1 y 2 del artículo 32 LIRPF.

La base máxima de la reducción no podrá superar la cuantía de 100.000 euros anuales.

Esta reducción no será aplicable en el período impositivo en el que más del 50 por ciento de los ingresos procedan de una persona o entidad de la que el contribuyente hubiera obtenido rendimientos del trabajo en el año anterior a la fecha de inicio de la actividad.

3.9. Ganancias y pérdidas patrimoniales

3.9.1. Concepto

Artículo 33 LIRPF.

Constituyen ganancias y pérdidas patrimoniales las variaciones en el valor del patrimonio del contribuyente que se pongan de manifiesto con ocasión de cualquier alteración en la composición de aquél, salvo que tengan la calificación de rendimientos en la LIRPF.

El artículo 7.4 de la LIRPF establece que no estarán sujetas a tributación en este impuesto las rentas que se encuentren sujetas a tributación en el ISD.

Se estimará que no existe alteración en la composición del patrimonio en las siguientes operaciones, artículo 33.2 LIRPF:

- Los supuestos de división de la cosa común.

- La disolución de la sociedad de gananciales o la extinción del régimen económico matrimonial de participación.

- La disolución de comunidades de bienes o los casos de separación de comuneros.

En todos estos casos no procederá la actualización de los valores de los bienes o derechos recibidos, manteniéndose a efectos fiscales el coste original en cualquier transacción posterior.

Se estima que no existe ganancia o pérdida patrimonial en los siguientes supuestos regulados en el artículo 33.3 LIRPF:

- Las transmisiones lucrativas por causa de muerte del contribuyente ("*plusvalía del muerto*").

- Las donaciones de empresas individuales o participaciones (reguladas en el artículo 20.6 LISD) a favor del cónyuge, descendientes o adoptados, bajo una serie de condiciones.

- En la extinción del régimen económico matrimonial de separación de bienes, cuando por imposición legal o resolución judicial se produzcan compensaciones, dinerarias o mediante adjudicación de bienes, por causa distinta de la pensión compensatoria entre cónyuges.

- Con ocasión de las aportaciones a los patrimonios protegidos constituidos a favor de personas con discapacidad.

Estarán exentas de tributación las ganancias patrimoniales puestas de manifiesto con ocasión de las siguientes operaciones, artículo 33.4 LIRPF:

- Las donaciones a entidades sin ánimo de lucro efectuadas al amparo de la Ley 49/2012 de régimen fiscal de entidades sin fines lucrativos, y las realizadas a fundaciones y asociaciones declaradas de utilidad pública.

- El pago de la deuda tributaria con bienes de patrimonio histórico.

- La transmisión de su vivienda habitual por mayores de 65 años, o por personas en situación de dependencia severa o de gran dependencia, de conformidad con la Ley de promoción de la autonomía personal y atención a las personas en situación de dependencia.

- La dación en pago de la vivienda habitual del deudor o garante para la cancelación de deudas garantizadas con hipoteca que recaiga sobre la misma contraídas con entidades de crédito, y las que se pongan de manifiesto con ocasión de la transmisión de la vivienda en ejecuciones hipotecarias notariales o judiciales. Es necesario que el propietario de la vivienda habitual no disponga de otros bienes o derechos en cuantía suficiente para satisfacer la deuda y evitar la enajenación de la vivienda.

- Las rentas obtenidas por los deudores puestas de manifiesto como consecuencia de quitas y daciones en pago de deudas en procedimientos concursales, siempre que no deriven del ejercicio de actividades económicas.

- El 50% de las ganancias patrimoniales puestas de manifiesto con ocasión de la transmisión de inmuebles urbanos adquiridos a título oneroso entre el 12 de mayo y el 31 de diciembre de 2012 (DA 37 LIRPF).

Finalmente, no se computan como pérdidas patrimoniales, artículo 33.5 LIRPF:

- Las no justificadas.

- Las debidas al consumo.

- Las debidas a transmisiones lucrativas por actos *ínter vivos* o a liberalidades.

- Las pérdidas en el juego obtenidas en el período impositivo que excedan de las ganancias obtenidas en el juego en el mismo período. En ningún caso se computan las procedentes de juegos sometidos al gravamen especial regulado en la DA 33 LIRPF.

- Las derivadas de las transmisiones de elementos patrimoniales, cuando el transmitente vuelva a adquirirlos dentro del año siguiente a la fecha de dicha transmisión.

- Las derivadas de las transmisiones de valores o participaciones admitidos a negociación en un mercado secundario oficial de valores, cuando el contribuyente hubiera adquirido valores homogéneos dentro de los dos meses anteriores o posteriores a dichas transmisiones.

- Las derivadas de las transmisiones de valores o participaciones no admitidos a negociación en un mercado secundario oficial de valores, cuando el contribuyente hubiera adquirido valores homogéneos en el año anterior o posterior a dichas transmisiones.

En estos tres últimos supuestos, las pérdidas patrimoniales se integrarán a medida que se transmitan los valores o participaciones que permanezcan en el patrimonio del contribuyente.

3.9.2. Determinación: regla general

Artículo 34 LIRPF.

El importe de las ganancias y pérdidas patrimoniales se determinará:

- En el supuesto de transmisión onerosa o lucrativa, por la diferencia entre los valores de adquisición y transmisión de los elementos patrimoniales.

- En los demás supuestos, por el valor de mercado de los elementos patrimoniales o partes proporcionales, en su caso.

- Si se hubiesen efectuado mejoras en los elementos patrimoniales transmitidos, se distinguirá la parte del valor de enajenación que corresponda a cada componente del mismo.

3.9.3. Determinación: transmisiones onerosas

Artículo 35 LIRPF.

En las transmisiones realizadas a título oneroso, el valor de adquisición estará constituido por el importe real por el que dicha adquisición se hubiera efectuado, más el coste de las inversiones y mejoras efectuadas en los bienes adquiridos y los gastos y tributos inherentes a la adquisición, excluidos los intereses, que hubieran sido satisfechos por el adquirente y, en su caso, las amortizaciones practicadas.

El valor de transmisión será el importe real por el que la enajenación se hubiese efectuado, siempre que no sea inferior al normal de mercado. De este valor se deducirán los gastos y tributos satisfechos por el transmitente.

3.9.4. Determinación: transmisiones lucrativas

Artículo 36 LIRPF.

Cuando la adquisición o la transmisión se hubiera producido sido a título lucrativo se aplicarán las reglas previstas para las transmisiones onerosas, tomando por importe real de los valores respectivos aquéllos que resulten de la aplicación de las normas del Impuesto sobre Sucesiones y Donaciones, sin que puedan exceder del valor de mercado.

3.9.5. Determinación: normas especiales de valoración

Artículo 37 LIRPF.

a) Transmisión a título oneroso de valores con cotización en bolsa:

Como valor de transmisión se tomará el de cotización en la fecha de transmisión o el precio pactado si es superior.

El importe obtenido por la transmisión de derechos de susctipción propcedentes de dichos valores tendrá la consideración de ganancia patrimonial para el transmitente en el período impositivo en que se produzca dicha transmisión.

En el caso de las acciones parcialmente liberadas, el valor de adquisición será el importe satisfecho.

Si están totalmente liberadas, su valor de adquisición y el de los títulos de los que procedan se determinará repartiendo el coste total entre el número de títulos.

b) Transmisión a título oneroso de valores sin cotización oficial:

El valor de transmisión, salvo prueba de que el importe satisfecho se corresponde con el normal de mercado, no podrá ser inferior al mayor de:

- El valor teórico que corresponda a los valores transmitidos resultante del balance del último ejercicio cerrado antes de devengo del impuesto.
- El valor resultante de capitalizar al 20% el promedio de resultados de los tres últimos ejercicios cerrados con anterioridad al devengo del impuesto.

El valor de trnamisión determinado conforme a estas reglas se tendrá en cuenta para la determinación del valor de adquisición de las acciones o participaciones que corresponde al adquirente.

En el caso de la venta de derechos de suscripción, la ganancia patrimonial se producirá en el ejercicio en que se produzca la transmisión.

La transmisión de acciones liberadas tendrá el mismo tratamiento que en el caso de las acciones con cotización oficial.

c) Transmisión de acciones y participaciones en instituciones de inversión colectiva:

En el supuesto de que se produzca el reembolso de participaciones, el valor de transmisión será el valor liquidativo o en su defecto el valor teórico correspondiente al último ejercicio cerrado con anterioridad a la fecha de devengo del impuesto.

En el resto de supuestos, el valor de transmisión será el valor liquidativo o, en su defecto, el valor teórico correspondiente al último ejercicio cerrado con anterioridad a la fecha de devengo del impuesto, sin que resulte inferior del mayor de los dos siguientes:

- El precio pactado en la transmisión.
- El valor de cotización en mercados secundarios oficiales de valores en la fecha de la transmisión.

d) Aportaciones no dinerarias a sociedades:

Se valorarán por la diferencia entre el valor de adquisición de los bienes o derechos aportados y la mayor de las siguientes cantidades:

- El valor nominal de las acciones o participaciones recibidas, incluida la prima de emisión.

- El valor de cotización de los títulos recibidos.
- El valor de mercado de los bienes o derechos aportados.

El valor de transmisión se tendrá en cuenta para determinar el valor de adquisición de los títulos recibidos de cara a poteriores transmisiones de los mismos.

e) Separación de socios y disolución de sociedades:

Se valorarán por la diferencia entre el valor de la cuota de liquidación social o el valor de mercado de los bienes recibidos y el valor de adquisición de los títulos.

f) Operaciones de escisión, fusión o absorción de sociedades:

Se valorará por la diferencia entre el valor de adquisición de los títulos representativos de la participación del socio y el valor de mercado de los títulos, numerario o derechos recibidos, o el valor de mercado de los entregados.

g) Los traspasos se valorarán por la cantidad recibida por el cedente menos el precio de adquisición del derecho de traspaso.

h) Indemnizaciones por pérdidas o siniestros:

Se valorarán por la diferencia entre la cantidad percibida (o el valor de mercado de los bienes recibidos) y la parte proporcional del valor de adquisición que corresponda al daño, cuando se derive un aumento de valor del patrimonio del contribuyente.

i) Permuta de bienes o derechos y canje de valores:

Se valorarán por la diferencia entre el valor de adquisición del bien o derecho que se cede y el mayor entre el valor de mercado del bien recibido o el bien entregado.

j) Extinción de rentas vitalicias o temporales para el obligado al pago de las mismas:

Diferencia entre el valor de adquisición del capital recibido y la suma de las rentas efectivamente satisfechas.

k) Transmisión de elementos patrimoniales a cambio de una renta temporal o vitalicia:

Diferencia entre el valor actual financiero actuarial de la renta y el valor de adquisición de los elementos patrimoniales transmitidos.

l) Transmisión o extinción de derechos reales de goce o disfrute sobre inmuebles:

El titular minorará el importe real del valor de adquisición de forma proporcional al tiempo durante el cual no hubiese percibido rendimientos de capital inmobiliario.

m) Incorporación al patrimonio de bienes o derechos no derivados de una transmisión previa:

Se imputará como ganancia patrimonial el valor de mercado de tales bienes o derechos.

n) Operaciones realizadas en mercados de futuros y opciones:

Se considerará ganancia o pérdida patrimonial el rendimiento obtenido cuando la operación no suponga la cobertura de una operación principal concertada en el desarrollo de las actividades económicas realizadas por el contribuyente, en cuyo caso tributarán de acuerdo con lo previsto para las actividades económicas.

o) Transmisión de elementos afectos a actividades económicas:

Se valorarán por la diferencia entre el valor de enajenación y su valor neto contable.

3.9.6. Exenciones por reinversión

Artículo 38 LIRPF.

a) Exención por reinversión en vivienda habitual.

Podrán gozar de exención de tributación las ganancias patrimoniales generadas en la transmisión de la vivienda habitual del contribuyente, cuando el importe total obtenido se reinvierta en la adquisición de una nueva vivienda habitual.

En el caso de transmisión de una vivienda adquirida con financiación ajena, se considerará como importe obtenido el resultante de minorar el valor de transmisión en el principal del préstamo que se encuentre pendiente de amortizar en el momento de la transmisión.

El plazo de reinversión será de 2 años antes o después del momento de transmisión. En el caso de venta a plazos se considera que la reinversión se efectúa dentro del plazo siempre que el importe de los plazos se destine a la adquisición de vivienda dentro de los períodos impositivos en que se vayan percibiendo.

En los supuestos de reinversión parcial, se excluirá de tributación la parte proporcional de la ganancia patrimonial que se corresponda con la cantidad reinvertida.

Cuando el contribuyente incumpla las condiciones establecidas para la reinversión, imputará la parte de la ganancia patrimonial no exenta en el año de su obtención, practicando una autoliquidación complementaria, con inclusión de los intereses de demora, en el plazo que medie entre la fecha en que se produzca el incumplimiento y el final del plazo de declaración correspondiente al período impositivo en que se produzca el incumplimiento.

b) Exención por reinversión en empresas de nueva o reciente creación.

Podrán gozar de exención de tributación las ganancias patrimoniales generadas en la transmisión de acciones o participaciones por las que se hubiera practicado la deducción por inversión en empresas de nueva o reciente creación, siempre que el importe obtenido se reinvierta en el plazo de un año en la adquisición de títulos de las citadas entidades.

c) Exención para mayores de 65 años por reinversión en una renta vitalicia.

Podrán gozar de exención de tributación las ganancias patrimoniales generadas en la transmisión de elementos patrimoniales por contribuyentes mayores de 65 años, siempre que el importe obtenido en la transmisión se destine, en el plazo de 6 meses, a constituir una renta vitalicia asegurada a su favor. La cantidad máxima total que podrá destinarse será de 240.000 euros

En los supuestos de reinversión parcial, se excluirá de tributación la parte proporcional de la ganancia patrimonial que se corresponda con la cantidad reinvertida.

3.9.7. Ganancias patrimoniales no justificadas

Artículo 39 LIRPF.

Tendrán la consideración de ganancias de patrimonio no justificadas los bienes o derechos cuya tenencia, declaración o adquisición no se corresponda con la renta o patrimonio declarados por el contribuyente, así como la inclusión de deudas inexistentes en cualquier declaración por este impuesto o por el Impuesto sobre el Patrimonio, o su registro en los libros o registros oficiales.

Las ganancias patrimoniales no justificadas se integrarán en la base liquidable general del periodo impositivo respecto del que se descubran, salvo que el contribuyente pruebe suficientemente que ha sido titular de los bienes o derechos correspondientes desde una fecha anterior a la del periodo de prescripción.

4. IRPF: Liquidación del Impuesto

4.1. Clases de renta: renta general y del ahorro

Artículos 44 a 46 LIRPF.

A efectos de su tributación, las rentas del contribuyente se clasifican en renta general y del ahorro. A partir de las mismas, se determinan las bases imponibles general y del ahorro.

Cuadro 9: Renta general y renta del ahorro

Renta general	Renta del ahorro
Rendimientos de trabajo Rendimientos de capital inmobiliario Otros rendimientos de capital mobiliario (artículo 25.4 LIRPF) Rendimientos de actividades económicas Imputaciones de renta Ganancias y pérdidas patrimoniales no derivadas de la transmisión de elementos patrimoniales	Rendimientos de capital mobiliario (artículo 25.1, 2 y 3 LIRPF) Gancias y pérdidas patrimoniales por transmisión de elementos patrimoniales

La renta del ahorro incluye:

a) Los rendimientos del capital mobiliario procedentes de la participación en fondos propios de cualquier tipo de entidad, de la cesión a terceros de capitales propios y de operaciones de capitalización, seguros de vida o invalidez y rentas derivadas de la imposición de capitales (apartados 1 a 3 del artículo 25 LIRPF).

b) Las ganancias y pérdidas patrimoniales que se pongan de manifiesto como consecuencia de la transmisión de elementos patrimoniales.

Forman parte de la renta general las restantes rentas obtenidas por el sujeto pasivo:

a) Rendimientos de trabajo, de capital inmobiliario, de capital mobiliario que no tengan la consideración de renta del ahorro, y de actividades económicas.

b) Imputaciones de rentas: inmobiliarias, del régimen de transparencia fiscal internacional, de instituciones de inversión colectiva en paraísos fiscales, de cesión de derechos de imagen, de agrupaciones de interés económico y uniones temporales de empresas.

c) Las ganancias o pérdidas patrimoniales que no se deriven de la transmisión de elementos patrimoniales (p.e. ganancias obtenidas en el juego, procedentes de la incorporación de bienes o derechos no derivadas de una transmisión, las pérdidas por siniestros sobre elementos patrimoniales, las no justificadas).

4.2. La base imponible general y del ahorro

4.2.1. La base imponible general

Artículo 48 LIRPF

La base imponible general será el resultado de sumar los siguientes saldos:

[a] El saldo, positivo o negativo, resultante de sumar y compensar entre sí, sin limitación alguna, en cada período impositivo, los rendimientos e imputaciones de renta, que tienen la consideración de renta general.

[b] El saldo positivo resultante de integrar y compensar, exclusivamente entre sí, en cada período impositivo, las ganancias y pérdidas patrimoniales que formen parte de la renta general.

Si el saldo [b] fuese negativo, su importe se compensará con el saldo positivo de [a] obtenido en el mismo período impositivo, con el límite del 25% de dicho saldo positivo de [a].

Si tras esa compensación quedase saldo negativo de [b], su importe se compensará en los 4 años siguientes, siguiendo el mismo orden anterior. La compensación se efectuará en la cuantía máxima que permita cada uno de los ejercicios siguientes y sin que pueda practicarse fuera del plazo de 4 años mediante la acumulación a pérdidas patrimoniales de ejercicios posteriores.

4.2.2. La base imponible del ahorro

Artículo 49 LIRPF.

La base imponible del ahorro está constituida por el saldo positivo que resulte de sumar:

[c] El saldo positivo, resultante de sumar y compensar exclusivamente entre sí, en cada período impositivo, los rendimientos de capital mobiliario que tienen la consideración de renta del ahorro (art. 46 LIRPF).

Si el saldo [c] fuese negativo, su importe se compensará con el saldo positivo de [d], obtenido en el mismo período impositivo, con el límite del 25% del mismo. Si, tras esa compensación, quedase saldo negativo, su importe se compensará en los 4 años siguientes, en el mismo orden.

[d] El saldo positivo resultante de integrar y compensar, exclusivamente entre sí, en cada período impositivo, las ganancias y pérdidas patrimoniales que formen parte de la renta del ahorro.

Si el saldo [d] fuese negativo, su importe se compensará con el saldo positivo de [c] obtenido en el mismo período impositivo, con el límite 25% del mismo. Si tras esa compensación quedase saldo negativo, su importe se compensará en los 4 años siguientes, en el mismo orden.

Las compensaciones se efectuarán en la cuantía máxima que permita cada uno de los ejercicios siguientes y sin que pueda practicarse fuera del plazo de 4 años mediante la acumulación a rentas negativas de ejercicios posteriores.

4.3. La base liquidable general y del ahorro

4.3.1. La base liquidable general

Artículo 50 LIRPF.

La base liquidable general estará constituida por el resultado de practicar en la base imponible general, exclusivamente y por este orden, las reducciones previstas en los artículos 51, 53, 54, y 55 y Disposición.Adicional Undécima de LIRPF, sin que pueda resultar negativa como consecuencia de dichas disminuciones:

Art. 51: reducciones por aportaciones y contribuciones a sistemas de previsión social.

Art. 53: reducciones por aportaciones y contribuciones a sistemas de previsión social constituidos a favor de personas con discapacidad.

Art. 54: reducciones por aportaciones a patrimonios protegidos de personas con discapacidad

Art. 55: reducciones por pensiones compensatorias.

D.A. 11ª: reducciones por aportaciones a Mutualidades de previsión social de deportistas profesionales.

En el caso de tributación conjunta de unidades familiares, con carácter previo a la aplicación de estas reducciones, se aplicará la reducción por tributación conjunta regulada en el artículo 84 LIRPF.

Si la base liquidable general resultase negativa, su importe podrá ser compensado con el de las bases liquidables generales positivas que se obtengan en los cuatro ejercicios siguientes.

La compensación se realizará en la cuantía máxima que permita cada ejercicio siguiente, sin que pueda practicarse fuera de este plazo mediante la acumulación a bases liquidables generales negativas de ejercicios posteriores.

4.3.2. La base liquidable del ahorro

Artículo 50 LIRPF.

La base liquidable del ahorro será el resultado de disminuir la base imponible del ahorro en el remanente, si lo hubiera, de las reducciones previstas en el artículo 55 LIRPF, sin que pueda resultar negativa como consecuencia de esta disminución.

Cuadro 10: Bases liquidables general y del ahorro

Base imponible general	**Base imponible del ahorro**
(-) Reducción por tributación conjunta (-) Reducciones por aportaciones a instrumentos de previsión social (-) Pensiones compensatorias	(-) Remanente de la reducción por tributación conjunta (-) Remanente de la reducción por pensiones compensatorias
Base liquidable general (≥ 0)	**Base liquidable del ahorro (≥ 0)**

4.3.3. La reducción por tributación conjunta

Artículo 84 LIRPF.

Con carácter previo a la aplicación de las reducciones previstas en los artículos 51, 53, 54, 55 y D.A. undécima LIRPF, se aplicará la siguiente reducción por tributación conjunta en la base imponible:

- En el caso de tributación conjunta de unidades familiares constituidas por cónyuges no separados legalmente y, si los hubiera, hijos menores a su cargo, 3.400 anuales.

- En el caso de tributación conjunta de unidades familiares con separación legal o sin vínculo matrimonial, 2.150 euros anuales. No se aplicará esta reducción cuando el contribuyente conviva con el padre o la madre de alguno de los hijos que forma parte de su unidad familiar.

La reducción se aplicará, en primer lugar, a la base imponible general, sin que pueda resultar negativa como consecuencia de tal minoración.

El exceso, si lo hubiera, se aplicará a la base imponible del ahorro, que tampoco podrá resultar negativa como consecuencia de esta operación.

4.3.4. Las reducciones por atención a las situaciones de dependencia y envejecimiento

A) Reduccion por aportaciones y contribuciones a sistemas de previsión social.

Artículos 51 y 52 y D.A. Undécima LIRPF.

Se reducirán de la base imponible del impuesto las aportaciones y contribuciones a los siguientes sistemas de previsión social:

a) Planes de pensiones.

b) Mutualidades de previsión social.

c) Planes de previsión asegurados.

d) Aportaciones realizadas por los trabajadores a planes de previsión social empresarial.

e) Primas satisfechas a seguros privados que cubran exclusivamente el riesgo de dependencia severa o gran dependencia.

Se incluirán en la reducción las aportaciones realizadas individualmente por los partícipes y las contribuciones empresariales que hayan sido imputadas como rendimientos del trabajo personal.

Límite máximo conjunto de las reducciones:

1) 30% de los rendimientos netos del trabajo y de actividades económicas percibidos individualmente en el ejercicio.

2) 1.500 euros anuales, que se incrementarán en los siguientes supuestos en las cuantías siguientes:

- En 8.500 euros anuales, siempre que tal incremento provenga de contribuciones empresariales, o de aportaciones del trabajador al mismo instrumento de previsión social por importe igual o inferior a las cantidades que resulten del siguiente cuadro en función del importe anual de la contribución empresarial:

Cuadro 11: Aportaciones máximas a planes de pensiones con derecho a reducción

Importe anual de la contribución	Aportación máxima del trabajador
≤ 500 euros	Contribución Empresarial x 2,5
Entre 500,01 y 1.500 euros	1.250 + 0,25 (CE – 500)
> 1.500 euros	Contribución Empresarial x 1

En todo caso, se aplicará el coeficiente multiplicador de 1 cuando el trabajador obtenga en el ejercicio rendimientos íntegros del trabajo superiores a 60.000 euros procedentes de la empresa que realiza la contribución.

- En 4.250 euros anuales, siempre que tal incremento provenga de aportaciones a planes de pensiones sectoriales realizadas por trabajadores por cuenta propia, o autónomos que se adhieran a dichos planes por razón de su actividad, o de aportaciones a los planes de pensiones de empleo simplificados de trabajadores por cuenta propia o autónomos.

En todo caso, la cuantía máxima de reducción por aplicación de los incrementos anteriores será de 8.500 euros anuales.

Adiccionalmente, se podrá practicar una reducción de 5.000 euros anuales para las primas de seguros colectivos de dependencia satisfechas por la empresa.

Las cantidades no deducidas por insuficiencia de base o por superar el límite del 30% sobre los rendimientos netos de trabajo y actividades económicas podrán ser deducidos en los 5 ejercicios siguientes con los mismos límites.

Los contribuyentes cuyo cónyuge no obtenga rendimientos netos del trabajo ni de actividades económicas, o los obtenga en cuantía inferior a 8.000 euros anuales, podrán reducir de la base imponible las aportaciones realizadas a los sistemas de previsión social de los que sea titular dicho cónyuge, con el límite máximo de 1.000 euros anuales. Estas aportaciones no estarán sujetas a tributación en el ISD.

B) Reducción por aportaciones a la mutualidad de previsión social a prima fija de deportistas profesionales.

D.A. Undécima LIRPF.

Serán deducibles de la base imponible general las cantidades aportadas, con el límite de la suma de los rendimientos netos del trabajo y de actividades económicas percibidos individualmente en el ejercicio y hasta un máximo de 24.250 euros anuales.

C) Reducción por aportaciones y contribuciones satisfechas a sistemas de previsión social constituidos a favor de personas con discapacidad.

Artículo 53 y D.A. Décima LIRPF.

Reducción de las aportaciones realizadas a favor de personas con discapacidad, con un grado de minusvalía física o sensorial igual o superior al 65%, o psíquica igual o superior al 33%, así como de personas que tengan una incapacidad declarada judicialmente, con independencia de su grado.

Podrán realizarse tanto por las personas con discapacidad partícipes, como por personas con vínculo de parentesco hasta el tercer grado inclusive, así como por el cónyuge o persona que los tuviese a su cargo en régimen de tutela, sin que esté sujeta a tributación en el ISD.

Límites máximos de las aportaciones con derecho a reducción:

1) 24.500 euros anuales por las aportaciones realizadas por el propio partícipe.

2) 10.000 euros anuales por las aportaciones realizadas por otras personas, sin que el conjunto de las mismas exceda de 24.250 euros anuales.

Las aportaciones que no pudieran ser objeto de reducción por insuficiencia de base imponible podrán reducirse en los cinco ejercicios siguientes.

D) Reducción por aportaciones a patrimonios protegidos de personas con discapacidad.

Artículo 54 y D.A. Decimoctava LIRPF.

Dan derecho a reducción para el aportante las contribuciones realizadas al patrimonio protegido de personas con discapacidad efectuadas por personas con vínculoo de parentesco hasta el tercer grado inclusive, así como por el cónyuge o persona que los tuviese a su cargo en régimen de tutela.

En ningún caso darán derecho a reducción las aportaciones efectuadas por el propio titular del patrimonio protegido.

Límites máximos de las aportaciones con derecho a reducción:

- 10.000 euros anuales por aportante, sin que el conjunto de las aportaciones con derecho a reducciones exceda de 24.250 euros anuales.

Las aportaciones que no pudieran ser objeto de reducción por insuficiencia de base imponible podrán reducirse en los cuatro ejercicios siguientes.

4.3.5. La reducción por pensiones compensatorias

Artículo 55 LIRPF.

Se reducirán de la base imponible las pensiones compensatorias a favor del cónyuge y las anualidades por alimentos, con excepción de las fijadas a favor de los hijos del contribuyente, cuando se satisfagan por decisión judicial.

4.4. El mínimo personal y familiar

Artículos 56 a 61 LIRPF.

El mínimo personal y familiar se define como la parte de la base liquidable que, por destinarse a satisfacer las necesidades personales y familiares básicas del contribuyente, no se somete a tributación por el IRPF.

Si la base liquidable general (BLG) es superior al importe del mínimo personal y familiar (MPF), éste forma parte de la misma.

Si la base liquidable general es inferior al importe del mínimo personal y familiar, éste formará parte de la base liquidable general por el importe de esta última, y el resto formará parte de la base liquidable del ahorro (BLA).

Si no hubiera base liquidable general, el mínimo personal y familiar formará parte de la base liquidable del ahorro.

La forma de articular el MPF es la siguiente:

Se aplicarán los tipos de gravamen a la base liquidable y de la cuantía resultante se resta el resultado de aplicar estos mismos tipos de gravamen al mínimo personal y familiar.

El mínimo personal y familiar es el resultado de sumar el mínimo del contribuyente y los mínimos por descendientes, ascendientes y discapacitados establecidos en los artículos 57 a 60 LIRPF.

A efectos del cálculo del gravamen autonómico, las cuantías de los mínimos pueden ser incrementadas o disminuidas en los importes aprobados por cada Comunidad Autónoma.

Cuadro 12: Mínimos personales y familiares aplicables en el Ejercicio 2025

Concepto	Importe
Mínimo del contribuyente	
General	5.550
Incremento por edad > 65 años	1.150
Incremento por edad > 75 años	1.400
Mínimo por descendientes	
Primero	2.400
Segundo	2.700
Tercero	4.000
Cuarto y siguientes	4.500
Incremento < 3 años	2.800
Mínimo por ascendientes	
> 65 años o discapacitado	1.150
Incremento por edad > 75 años	1.400
Mínimo por discapacidad del contribuyente	
Grado de minusvalía < 65%	3.000
Grado de minusvalía ≥ 65%	9.000
Incremento por asistencia	3.000
Mínimo por discapacidad de ascendientes o descendientes	
Grado de minusvalía < 65%	3.000
Grado de minusvalía ≥ 65%	9.000
Incremento por asistencia	3.000

Darán derecho a la aplicación del mínimo por descendientes los menores de 25 años, o discapacitados sin límite de edad, que convivan con el contribuyente y obtengan unas rentas anuales, excluidas las exentas, por un importe no superior a 8.000 euros. Se asimilan las personas vinculadas por el contribuyente por razón de tutela o acogimiento.

En los supuestos de adopción o acogimiento, el incremento por edad inferior a 3 años se aplicará en el período impositivo en que se produzca esta circunstancia y en los dos siguientes, con independencia de la edad del menor.

Darán derecho a la aplicación del mínimo por ascendientes los mayores de 65 años, o discapacitados sin límite de edad, que convivan con el contribuyente (en el caso de discapacitados se asimilan los que, dependiendo del contribuyente, sean internados en centros especializados) y obtengan unas rentas anuales, excluidas las exentas, por un importe no superior a 8.000 euros.

Se consideran personas discapacitadas las que acrediten un grado de discapacidad igual o superior al 33 por ciento.

El incremento por asistencia se aplicará cuando la persona con discapacidad acredite necesitar ayuda de terceras personas o tenga movilidad reducida, o cuando tenga un grado de discapacidad igual o superior al 65%.

Cuando dos o más contribuyentes tengan derecho a la aplicación del mínimo por descendientes, ascendientes o discapacidad, respecto de los mismos ascendientes o descendientes, su importe se prorrateará por partes iguales.

Cuando los contribuyentes tengan distinto grado de parentesco con el ascendiente o el descendiente, la aplicación del mínimo corresponderá a los de grado más cercano, salvo que no tengan rentas anuales, excluidas las exentas, superiores a 8.000 euros, en cuyo caso corresponderán a los del siguiente grado.

No procederá la aplicación del mínimo por descendientes, ascendientes o discapacidad, cuando los ascendientes o descendientes que generen derecho a los mismos presenten declaración por el IRPF con rentas superiores a 1.800 euros.

La determinación de las circunstancias personales y familiares se realizará atendiendo a la situación existente en la fecha de devengo del impuesto.

Sin embargo, en caso de fallecimiento del ascendiente o descendiente que genere el derecho a la aplicación del mínimo, se aplicará, respectivamente, la cuantía de 2.400 euros en el caso de descendiente y 1.150 euros en el caso de ascendiente.

Para la aplicación del mínimo por ascendientes es necesario que convivan con el contribuyente, al menos, la mitad del período impositivo o, en el caso de fallecimiento, la mitad del período que transcurra entre el inicio del período impositivo y el momento del fallecimiento.

Se consideran ascendientes y descendientes los que lo sean por línea directa, consanguinidad o adopción, no incluyendo a los que lo sean por afinidad.

4.5. Determinación de la cuota íntegra

El IRPF tiene una configuración dual, al distinguir entre la base liquidable general y la base liquidable del ahorro, que se gravan separadamente, por lo que la cuota íntegra se obtiene aplicando a la base liquidable general la tarifa general y a la base liquidable del ahorro los tipos de gravamen del ahorro.

Como el impuesto está compartido entre el Estado y las Comunidades Autónomas de régimen común, hay que distinguir entre dos cuotas íntegras:

- La cuota íntegra estatal, artículo 62 LIRPF, que será la suma de aplicar a las bases liquidables general y del ahorro, respectivamente, los tipos de gravamen establecidos en los arts. 63 y 66 LIRPF.
- La cuota íntegra autonómica, artículo 73 LIRPF, que será la suma de las cuantías resultantes de aplicar a las bases liquidables general y del ahorro, respectivamente, los tipos de gravamen a los que se refieren los arts. 74 y 76 de la LIRPF.

4.5.1. La cuota íntegra estatal

Artículo 62 LIRPF.

La cuota íntegra estatal será la suma de las cantidades resultantes de aplicar los tipos de gravamen, a los que se refieren los artículos 63 y 66 LIRPF, a las bases liquidables general y del ahorro, respectivamente.

1. Gravamen de la base liquidable general.

Artículos 63 a 65 LIRPF.

La parte de la base liquidable general (BLG) que exceda del importe del mínimo personal y familiar (MPF) será gravada de la siguiente forma:

- A la BLG se le aplicará la escala de tipos impositivos recogida en el artículo 63.1 LIRPF, escala general del impuesto.
- La cuantía resultante se minorará en el importe de aplicar la misma escala a la parte de la BLG correspondiente al MPF.

Se entenderá por tipo medio de gravamen general estatal el resultante, con dos decimales, de multiplicar por 100 el cociente entre la cuota obtenida por aplicación de este procedimiento y la BLG.

Cuadro 13: Escala general del impuesto Ejercicio 2025

B.L. hasta	Cuota Íntegra	Resto B.L. hasta	Tipo aplicable
0,00	0,00	12.450,00	9,5
12.450,00	1.182,75	7.750,00	12
20.200,00	2.112,75	15.000,00	15
35.200,00	4.362,75	24.800,00	18,5
60.000,00	8.950,75	240.000,00	22,5
300.000,00	62.950,75	En adelante	24,5

Se tendrán en cuenta las siguientes especialidades en la aplicación de la escala general del impuesto:

a) Anualidades por alimentos a favor de los hijos.

Artículo 64 LIRPF.

Los contribuyentes que, por sentencia judicial, satisfagan anualidades por alimentos a favor de los hijos, sin derecho a la aplicación del mínimo por descendientes, cuando el importe de aquéllas sea inferior a la BLG, aplicarán separadamente la escala general al importe de las anualidades por alimentos y al resto de la BLG. La cuantía total resultante se minorará en el importe de aplicar la escala a la parte de la BLG correspondiente al MPF incrementado en 1.980 euros anuales, sin que pueda resultar negativa por tal minoración.

b) Escala aplicable a los residentes en el extranjero.

Artículo 65 LIRPF.

Los contribuyentes con residencia habitual en el extranjero aplicarán las escalas establecidas en el art. 63.1 y 65 LIRPF.

Cuadro 14: Escala aplicable a los residentes en el extranjero Ejercicio 2025

B.L. hasta	Cuota Íntegra	Resto B.L. hasta	Tipo aplicable
0,00	0,00	12.450,00	9,5
12.450,00	1.182,75	7.750,00	12
20.200,00	2.112,75	15.000,00	15
35.200,00	4.362,75	24.800,00	18,5
60.000,00	8.950,75	En adelante	22,5

2. Gravamen de la base liquidable del ahorro.

Artículo 66 LIRPF.

La parte de la base liquidable del ahorro (BLA) que exceda, en su caso, del importe del mínimo personal y familiar (MPF) será gravada de la siguiente forma:

- A la BLA se le aplicará la escala de tipos impositivos recogida en el art. 66.1 LIRPF.

La cuantía resultante se minorará en el importe de aplicar la misma escala a la parte de la BLA correspondiente al MPF.

Cuadro 15: Escala aplicable a la base liquidable del ahorro Ejercicio 2025

B.L. hasta	Cuota Íntegra	Resto B.L. hasta	Tipo aplicable
0,00	0	6.000	9,5
6.000,00	570	44.000	10,5
50.000,00	5.190	150.000	11,5
200.000,00	22.440	100.000	13,5
300.000,00	35.940	En adelante	15,0

En el caso de los contribuyentes que tuviesen su residencia habitual en el extranjero, les será de aplicación la tarifa de tipos impositivos recogida en el artículo 66.2 LIRPF.

Cuadro 16: Escala aplicable a la base liquidable del ahorro por los residentes en el extranjero Ejercicio 2025

B.L. hasta	Cuota Íntegra	Resto B.L. hasta	Tipo aplicable
0,00	0	6.000	19
6.000,00	1.140	44.000	21
50.000,00	10.380	150.000	23
200.000,00	44.880	100.000	27
300.000,00	71.880	En adelante	30

4.5.2. La cuota íntegra autonómica

Artículo 73 LIRPF.

La cuota íntegra automómica será la suma de las cantidades resultantes de aplicar los tipos de gravamen, a los que se refieren los artículos 74 y 76 LIRPF, a las bases liquidables general y del ahorro, respectivamente.

1. Gravamen de la base liquidable general.

Artículos 74 y 75 LIRPF.

La parte de la base liquidable general (BLG) que exceda del importe del mínimo personal y familiar (MPF) que resulte de aplicar a los importes regulados en los artículos 57 a 60 LIRPF los incrementos o disminuciones aprobados por la Comunidad Autónoma, será gravada de la siguiente forma:

- A la BLG se le aplicarán los tipos de la escala autonómica del impuesto que haya sido aprobada por cada Comunidad Autónoma de régimen común.

- La cuantía resultante se minorará en el importe de aplicar la misma escala a la parte de la BLG correspondiente al MPF.

Cuadro 17: Escala autonómica aplicable en Asturias Ejercicio 2025

B.L. hasta	Cuota Íntegra	Resto B.L. hasta	Tipo aplicable
0	0	12.450,00	10,00
12.450,00	1.245,00	5.257,00	12,00
17.707,20	1.875,86	15.300,00	14,00
33.007,20	4.017,86	20.400,00	18,50
53.407,20	7.791,86	16.592,80	21,50
70.000,00	11.359,32	20.000,00	22,50
90.000,00	15.859,32	85.000,00	25,00
175.000,00	37.109,32	En adelante	25,50

Se entenderá por tipo medio de gravamen general autonómico el resultante, con dos decimales, de multiplicar por 100 el cociente entre la cuota obtenida por aplicación de este procedimiento y la BLG.

Los contribuyentes que, por sentencia judicial, satisfagan anualidades por alimentos a favor de los hijos, sin derecho a la aplicación del mínimo por descendientes, cuando el importe de aquéllas sea inferior a la BLG, aplicarán separadamente la escala general al importe de las anualidades por alimentos y al resto de la BLG.

La cuantía total resultante se minorará en el importe de aplicar la escala a la parte de la BLG correspondiente al MPF incrementado en 1.980 euros anuales, sin que pueda resultar negativa por tal minoración.

2. Gravamen de la base liquidable del ahorro.

Artículo 76 LIRPF.

La parte de la base liquidable del ahorro (BLA) que exceda, en su caso, del importe del mínimo personal y familiar (MPF) que resulte de aplicar a los importes regulados en los artículos 57 a 60 LIRPF los incrementos o disminuciones aprobados por la Comunidad Autónoma, será gravada de la siguiente forma:

- A la BLA se le aplicará la escala de tipos impositivos recogida en el art. 76.1 LIRPF.

- La cuantía resultante se minorará en el importe de aplicar la misma escala a la parte de la BLA correspondiente al MPF.

Cuadro 18: Escala autonómica aplicable a la base liquidable del ahorro Ejercicio 2025

B.L. hasta	Cuota Íntegra	Resto B.L. hasta	Tipo aplicable
0,00	0	6.000	9,5
6.000,00	570	44.000	10,5
50.000,00	5.190	150.000	11,5
200.000,00	22.440	100.000	13,5
300.000,00	35.940	En adelante	15,0

4.6. Determinación de la cuota líquida

La cuota líquida estará formada por la suma de las cuotas líquidas estatal y autonómica que se obtienen, respectivamente, aplicando a las cuotas íntegras estatal y autonómica las correspondientes deducciones reguladas en el artículo 68 LIRPF y las deducciones aprobadas por cada una de las Comunidades Autónomas de régimen común.

Cuadro 19: Determinación de la cuota líquida

Cuota íntegra estatal	Cuota íntegra autonómica
(-) Deducción por inversión en empresas de nueva creación (-) 50% deducciones por: Actividades económicas Donativos y otras aportaciones Rentas obtenidas en Ceuta y Melilla Protección patrimonio histórico (-) Deducción obras eficiencia energética	(-) 50% deducciones por: Actividades económicas Donativos y otras aportaciones Rentas obtenidas en Ceuta y Melilla Protección patrimonio histórico (-) Deducciones autonómicas
Cuota líquida estatal (≥ 0)	**Cuota líquida autonómica (≥ 0)**
Cuota líquida total (≥ 0)	

4.6.1. La cuota líquida estatal

Artículo 67 LIRPF.

La cuota líquida estatal es el resultado de disminuir la cuota íntegra estatal en la suma de:

a) La deducción por inversión en empresas de nueva o reciente creación regulada en el artículo 68. 1 LIRPF.

b) El 50 por ciento del importe total de las deducciones establecidas en los apartados 2 a 5 del artículo 68 LIRPF:

- Actividades económicas
- Donativos y otras aportaciones
- Rentas obtenidas en Ceuta y Melilla
- Protección y difusión del Patrimonio Histórico Español y de las ciudades, conjuntos y bienes declarados Patrimonio Mundial.

c) La deducción por obras de mejora de la eficiencia energética de viviendas regulada en la Disposición Adicional Quinquagésima LIRPF.

El resultado de esta operación no podrá ser negativo.

4.6.2. La cuota líquida autonómica

Artículo 77 LIRPF.

La cuota líquida autonómica es el resultado de disminuir la cuota íntegra autonómica en la suma de:

a) El 50% del importe total de las deducciones establecidas en los apartados 2 a 5 del artículo 68 LIRPF:

- Actividades económicas
- Donativos y otras aportaciones
- Rentas obtenidas en Ceuta y Melilla
- Protección y difusión del Patrimonio Histórico Español y de las ciudades, conjuntos y bienes declarados Patrimonio Mundial.

b) El importe de las deducciones propias establecidas por la Comunidad Autónoma.

El resultado de esta operación no podrá ser negativo.

4.6.3. Deducciones estatales

Artículos 68 y 69 LIRPF.

A) Deducción por inversión en empresas de nueva o reciente creación.

Los contribuyentes podrán deducirse el 50% de las cantidades satisfechas en el período impositivo por la suscripción de acciones o participaciones en empresas de nueva o reciente creación, en las condiciones legalmente establecidas.

La base de la deducción estará formada por el valor de adquisición de las acciones o participaciones suscritas, con límite máximo de 100.000 euros anuales.

No formarán parte de la base de la deducción las cantidades satisfechas por la suscripción de acciones o participaciones cuando respecto de las mismas se haya practicado alguna deducción autonómica.

B) Deducciones en actividades económicas.

Los contribuyentes que ejerzan actividades económicas pueden aplicar los incentivos y estímulos a la inversión empresarial establecidos en la normativa del Impuesto sobre Sociedades.

Estos incentivos no se aplicarán a los contribuyentes en estimación objetiva, salvo que se establezca reglamentariamente.

Los límites de esta deducción serán los establecidos en la normativa del Impuesto sobre Sociedades y se aplicarán sobre la cuota que resulte de minorar la suma de las cuotas íntegras estatal y autonómica en el importe total de las deducciones por inversión en empresas de nueva o reciente creación y por inversiones y gastos en bienes de interés cultural.

C) Deducción por donativos y otras aportaciones.

Los contribuyentes podrán aplicar por este concepto:

a) Las deducciones previstas en la Ley 49/2002, de 23 de diciembre, de Incentivos Fiscales al Mecenazgo.

El artículo 19 de esta Ley establece los siguientes porcentajes de deducción:

- El importe de la deducción será del 80 por ciento por los primeros 250 euros y el 40 por ciento sobre el exceso.

- Si en los 2 períodos impositivos inmediatos anteriores se hubieran realizado donativos con derecho a deducción en favor de una misma entidad, siendo el importe de este ejercicio y el del período impositivo anterior, igual o superior, en cada uno de ellos, al del ejercicio inmediato anterior, el porcentaje de deducción aplicable a la base que exceda de 250 euros será el 45 por ciento.

En el caso de aportaciones a actividades prioritarias de mecenazgo, estos porcentajes se podrán incrementar en 5 puntos porcentuales por la Ley de Presupuestos Generales del Estado.

b) El 10 por ciento de las cantidades donadas a fundaciones legalmente reconocidas que rindan cuentas al órgano del protectorado correspondiente, así como a asociaciones declaradas de utilidad pública, no comprendidas en la Ley 49/2002.

c) El 20 por ciento de las cuotas de afiliación y aportaciones a partidos políticos, federaciones, coaliciones o agrupaciones de electores. La base máxima de esta deducción será de 600 euros anuales.

La base de esta deducción por donativos tiene como límite máximo el 10 por ciento de la base liquidable del contribuyente.

D) Deducción por rentas obtenidas en Ceuta y Melilla.

Los contribuyentes residentes en Ceuta y Melilla durante un plazo inferior a 3 años se deducirán el 60 por ciento de la parte de la suma de las cuotas íntegras estatal y autonómica que proporcionalmente corresponda a las rentas computadas para la determinación de las bases liquidables que hayan sido obtenidas en Ceuta o Melilla.

Los contribuyentes residentes en Ceuta y Melilla durante un plazo igual o superior a 3 años extenderán las deducciones a las rentas obtenidas fuera de Ceuta o Melilla, siempre que al menos una tercera parte del patrimonio del contribuyente esté situado en dichas ciudades.

La cuantía máxima de las rentas obtenidas fuera de Ceuta o Melilla que pueden gozar de la deducción será el importe neto de los rendimientos y ganancias y pérdidas patrimoniales obtenidos en dichas ciudades.

Los contribuyentes no residentes en Ceuta y Melilla se deducirán el 60 por ciento de la parte de la suma de las cuotas íntegras estatal y autonómica que proporcionalmente corresponda a las rentas computadas para la determinación de las bases liquidables positivas que hayan sido obtenidas en Ceuta o Melilla.

E) Deducción por actuaciones para la protección y difusión del patrimonio histórico español y de las ciudades, conjuntos y bienes declarados patrimonio mundial.

Los contribuyentes podrán aplicar una deducción en la cuota del 15 por ciento del importe de las inversiones y gastos efectuados para:

a) La adquisición de bienes del Patrimonio Histórico Español cuando:

- Se realice fuera del territorio español para su introducción dentro de dicho territorio.

- Los bienes sean declarados de interés cultural en el plazo de un año desde su introducción en España.

- Permanezcan en territorio español y dentro del patrimonio del titular durante al menos 4 años.

b) La conservación, reparación, restauración, difusión y exposición de los bienes de su propiedad que estén declarados de interés cultural.

c) La rehabilitación y mantenimiento de edificios situados en el entorno que sea objeto de protección de las ciudades españolas o de los conjuntos y bienes declarados Patrimonio Mundial por la UNESCO situados en España.

La base de esta deducción tiene como límite máximo el 10 por ciento de la base liquidable del contribuyente.

F) Deducción por obras de mejora de la eficiencia energética de viviendas.

La Disposición Adicional Quinquagésima LIRPF establece una serie de deducciones aplicbles en los siguientes casos:

- Deducción del 20% de las actuaciones para la reducción de la demanda de caliefacción y refrigeración en más de un 7%, con un máximo de 5.000 euros por vivienda.

- Deducción del 40% de las actuaciones que rebajen en el 30% el consumo de energía primaria no renovable, con un máximo de 7.500 euros anuales por vivienda

- Deducción del 60% de las obras de rehabilitación ejergética en edificios de uso predominante residencial, con una cuantía máxima de 15.000 euros y 5.000 euros por año.

4.7. La cuota diferencial y el resultado de la declaración

Artículo 79 LIRPF.

La cuota diferencial será el resultado minorar la cuota líquida total, que será la suma de las cuotas líquidas estatal y autonómica, en los siguientes importes:

a) La deducción por doble imposición internacional (artículo 80 LIRPF).

b) Las deducciones en transparencia fiscal internacional y por imputación de rentas en la cesión de derechos de imagen (artículos 91.10 y 92.4 LIRPF).

c) Cuando el contribuyente adquiera esa condición por cambio de residencia, las retenciones o ingresos a cuenta o las cuotas satisfechas del Impuesto sobre la Renta de no Residentes (IRNR) devengadas en el período impositivo de cambio de residencia.

d) Las retenciones, ingresos a cuenta y pagos fraccionados.

La cuota diferencial será minorará en la deducción por maternidad (artículo 81 LIRPF) y en las deducciones por familia numerosa o personas con discapacidad a cargo (artículo 81 bis LIRPF), que pueden producir devolución, siempre que no se hayan percibido anticipadamente.

Cuadro 20: Cuota diferencial y resultado de la declaración

Cuota líquida
(-) Deducción por doble imposición internacional (-) Deducciones en transparencia fiscal internacional y por imputación de rentas den derechos de imagen (-) Retenciones y cuotas IRNR en cambios de residencia (-) Retenciones, ingresos a cuenta y pagos fraccionados
Cuota diferencial
(-) Deducción por maternidad (-) Deducción por familia numerosa o personas con discapacidad a cargo
Resultado de la declaración

4.7.1. La deducción por doble imposición internacional

Artículo 80 LIRPF.

Cuando entre las rentas del contribuyente figuren rendimientos o ganancias patrimoniales obtenidos y gravados en el extranjero, se deducirá la menor de las cantidades siguientes:

- El importe del impuesto efectivo satisfecho en el extranjero.

- El resultado de aplicar el tipo medio efectivo de gravamen a la parte de la base liquidable gravada en el extranjero.

A estos efectos, el tipo medio efectivo se obtendrá dividiendo la cuota liquida total entre la base liquidable, diferenciando el que corresponda a las rentas general y del ahorro, según proceda.

Cuando se obtengan rentas en el extranjero a través de un establecimiento permanente se practicará esta deducción y no el procedimiento de exención previsto en el Impuesto sobre Sociedades.

4.7.2. La deducción por maternidad

Artículo 81 LIRPF.

Consiste en una ayuda pública para incentivar la conciliación entre la vida laboral y la maternidad, que puede instrumentarse:

- Como un abono mensual anticipado de la deducción, bajo solicitud del beneficiario.

Como una deducción de la cuota diferencial con derecho a devolución en el IRPF al realizar la declaración.

Serán beneficiarios de esta deducción las mujeres con hijos menores de 3 años que den derecho a aplicar el mínimo por descendientes, que en el momento de nacimiento del menor perciban prestaciones de desempleo o que realicen una actividad por cuenta propia o ajena, estando dadas de alta en la Seguridad Social o Mutualidad correspondiente con un período mínimo de 30 días cotizados.

En caso de adopción o acogimiento, se puede aplicar durante los 3 primeros años, con independencia de la edad del menor.

En caso de fallecimiento de la madre o cuando la guarda o custodia se atribuyan al padre o tutor de menor, podrá aplicar la deducción cuando se cumplan los requisitos.

El importe será de hasta 1.200 euros anuales (100 euros al mes) por cada menor que genere la deducción. Se calculará de forma proporcional al número de meses en que se cumplan los requisitos.

Este importe puede incrementarse hasta en mil euros adicionales cuando el beneficiario hubiera satisfecho gastos de custodia del menor en guarderías o centros de educación infantil autorizados. El incremento se calculará de forma proporcional al número de meses en que se cumplan los requisitos y tendrá como límite el importe del gasto total efectivo no subvencionado realizado.

4.7.3. *La deducción por familia numerosa o personas con discapacidad a cargo*

Artículo 81 LIRPF.

Constituye una ayuda pública a contribuyentes con familia numerosa o personas con discapacidad a cargo que, al igual que la deducción por maternidad, puede instrumentarse:

- Como un abono mensual anticipado de la deducción bajo solicitud, si se cumple cada mes un perído mínimo de alta en la Seguridad Social o en una Mutualidad.

- Como una deducción de la cuota diferencial con derecho a devolución en el IRPF.

Serán beneficiarios de la misma los contribuyentes que realicen una actividad por cuenta propia o ajena, estando dados de alta en la Seguridad Social o Mutualidad, que podrá minorar la cuota diferencial del IRPF en los siguientes importes:

a) Por cada descendiente con discapacidad con derecho a la aplicación del mínimo por descendientes, hasta 1.200 euros anuales, 100 euros al mes.

b) Por cada ascendiente con discapacidad con derecho a la aplicación del mínimo por ascendientes, hasta 1.200 euros anuales, 100 euros al mes.

c) Por ser un ascendiente o un hermano huérfano de padre y madre, que forme parte de una familia numerosa, o por ser un ascendiente separado legalmente, o sin vínculo matrimonial, con dos hijos sin derecho a percibir anualidades por alimentos y por los que tenga derecho a la totalidad del mínimo por descendiente, hasta 1.200 euros anuales. En el caso de familias numerosas de categoría especial, esta deducción se incrementará en un 100 por ciento, sin que el incremento se tenga en cuenta a efectos del límite de las cotizaciones a la Seguridad Social y Mutualidades.

La cuantía de la deducción se incrementará hasta en 600 euros anuales, 50 euros por mes, por cada uno de los hijos que formen parte de la familia numerosa que exceda del número de hijos exigido para adquirir esta condición. Este incremento no se tendrá en cuenta a efectos de la aplicación del límite de las cotizaciones a la Seguridad Social y Mutualidades.

d) Por el cónyuge no separado legalmente con discapacidad, siempre que no tenga rentas anuales, excluidas las exentas, superiores a 8.000 euros, hasta 1.200 euros anuales.

Cuando dos o más contribuyentes tengan derecho a la aplicación de la deducción por un mismo ascendiente, descendiente o familia numerosa, su importe se prorrateará entre ellos por partes iguales.

La deducción se aplicar de forma proporcional al número de meses en que se cumplan los requisitos

Tendrá como límite, para cada una de las deducciones, las cotizaciones y cuotas totales a la Seguridad Social y Mutualidades devengadas en cada período impositivo con posterioridad al momento en que se cumplan los requisitos.

4.8. La obligación de declarar

Artículo 96 LIRPF.

Tendrán que presentar declaración del impuesto los contribuyentes que obtengan rentas sujetas al mismo. En todo caso, estarán obligados a declarar los contribuyentes que tengan derecho a aplicar la deducción por doble imposición internacional o a aplicar alguna de las reducciones de la base imponible, cuando ejerciten dicho derecho, y los que quieran solicitar la devolución de los pagos a cuenta del impuesto efectuados.

No estarán obligados a presentar declaración los contribuyentes que obtengan exclusivamente las siguientes rentas:

a) Rendimientos íntegros del trabajo, del capital, de actividades económicas, y ganancias patrimoniales, sometidos o no a retención, con el límite conjunto de 1.000 euros anuales y pérdidas patrimoniales de cuantía inferior a 500 euros

b) Rendimientos íntegros de capital mobiliario y ganancias patrimoniales, sometidos a retención, cuya cuantía global no supere conjuntamente 1.600 euros anuales.

c) Rentas inmobiliarias imputadas, rendimientos íntegros de capital mobiliario no sujetos a retención derivados de letras del tesoro y subvenciones para la adquisición de viviendas de protección oficial o de precio tasado, con el límite conjunto de 1.000 euros anuales.

d) Rendimientos íntegros del trabajo, con el límite de 22.000 euros anuales.

El límite para los rendimientos íntegros del trabajo será de 15.876 euros en los siguientes casos:

- Cuando procedan de más de un pagador, salvo que la suma de las cantidades percibidas del segundo y siguientes pagadores, por orden de cuantía, no superen en conjunto la cantidad de 1.500 euros anuales, o cuando se trate de contribuyentes cuyos únicos rendimientos de trabajo consistan en prestaciones pasivas y hayan estado sometidos a retención siguiendo el procedimiento de retención especial establecido reglamentariamente.

- Cuando se perciban pensiones compensatorias del cónyuge o anualidades por alimentos no exentas de tributación

- Cuando el pagador de los rendimientos del trabajo no esté obligado a retener o cuando se perciban rendimientos del trabajo sujetos a tipo fijo de retención.

Estarán en cualquier caso obligadas a declarar todas aquellas personas físicas que en cualquier momento del período impositivo hubieran estado de alta, como trabajadores por cuenta propia, en el Régimen Especial de Trabajadores por Cuenta Propia o Autónomos, o en el Régimen Especial de la Seguridad Social de los Trabajadores del Mar.

4.9. El gravamen especial sobre determinados prmios de loterías y apuestas

D.A. Trigésima Tercera LIRPF.

Se aplica sobre los premios de loterías y apuestas organizados por la Sociedad Estatal Loterías y Apuestas del Estado, de las Comunidades Autónomas, la Cruz Roja Española y la ONCE, y los de los organismos de otros Estados miembros de la UE y del EEE con idénticos objetivos.

Estarán exentos del gravamen especial los premios cuyo importe íntegro no exceda de 40.000 euros, siempre que la cuantía del décimo, fracción, cupón o apuesta sea al menos de 0,50 euros.

En caso contrario, la cuantía exenta se reducirá de forma proporcional. Cuando el premio sea de titularidad compartida, la cuantía exenta se prorrateará entre los cotitulares en función de la cuota que les corresponda.

La base imponible será el importe del premio (o el valor de mercado del mismo, si la retribución es en especie) que exceda de la cuantía exenta.

El tipo impositivo a aplicar será del 20 por ciento.

El devengo del impuesto se producirá en el momento en que se abone el premio, practicándose una retención del 20 por ciento sobre el importe de la base imponible del gravamen especial.

5. Imposición sobre la Riqueza

5.1. El Impuesto sobre el Patrimonio

5.1.1. Normativa aplicable

La normativa básica del Impuesto sobre el Patrimonio (IP) está constituida por:

- Ley 19/1991, de 6 de junio, del Impuesto sobre el Patrimonio (LIP).
- Ley 21/2001, de 27 de diciembre, por la que se regulan las medidas fiscales y administrativas del nuevo sistema de financiación de las Comunidades Autónomas de régimen común y Ciudades con Estatuto de Autonomía.
- Real Decreto 1.704/1999, de 5 de noviembre, por el que se deterrminan los requisitos y condiciones de las actividades empresariales y profesionales y las participaciones en entidades para la aplicación de las exenciones correspondientes en el Impuesto sobre el Patrimonio.

5.1.2. Naturaleza, objeto y ámbito de aplicación. Cesión a las Comunidades Autónomas

Artículos 1 y 2 LIP.

El IP es un impuesto directo y de naturaleza personal, que somete a tributación de forma anual el patrimonio neto de las personas físicas.

El patrimonio neto está formado por el conjunto de bienes y derechos de contenido económico, menos las cargas, gravámenes, deudas y obligaciones personales, del sujeto pasivo en el momento de devengo del impuesto, que es el 31 de diciembre de cada año.

El ámbito de aplicación es todo el territorio español, sin perjuicio de los regímenes tributarios forales de Navarra y el País Vasco, y de lo dispuesto en los Tratados o Convenios Internacionales que hayan pasado a formar parte del ordenamiento interno.

Se trata de un tributo totalmente cedido a las Comunidades Autónomas de régimen común, incluyendo las competencias para su gestión.

En lo que se refiere al alcance de la cesión, se encuentra cedido a cada Comunidad el rendimiento del IP producido en su territorio, que será el que corresponda a los sujetos pasivos que tengan su residencia habitual en la misma.

La residencia habitual de los sujetos pasivos se determinará siguiendo las reglas del IRPF.

En cuanto a las competencias normativas atribuidas a las Comunidades Autónomas, podrán fijar el mínimo exento, los tipos de gravamen, y establecer deducciones y bonificaciones de la cuota del impuesto.

5.1.3. Hecho imponible y exenciones

Artículos 3 y 4 LIP.

El hecho imponible está constituido por la titularidad por el sujeto pasivo, en el momento de devengo, del patrimonio neto.

Se presume que forman parte del patrimonio neto los bienes y derechos que hubieran pertenecido al sujeto pasivo en el momento del anterior devengo, salvo prueba de transmisión o pérdida patrimonial.

Estarán exentos de tributación los siguientes bienes y derechos:

- Bienes calificados como integrantes del Patrimonio Histórico Español y de las Comunidades Autónomas.
- Objetos de arte y antigüedades que cumplan las condiciones legalmente establecidas.
- El ajuar doméstico (no incluye joyas, artículos de lujo ni vehículos o embarcaciones).
- Los derechos consolidados de los partícipes en planes de pensiones o en sistemas de previsión social equivalentes.
- Derechos de la propiedad intelectual o industrial no vinculados a actividades empresariales, mientras pertenezcan a su autor.
- La obra propia de los artistas mientras permanezca en el patrimonio del autor.
- Los bienes que integran el patrimonio empresarial o profesional del sujeto pasivo, con las condiciones legalmente establecidas.
- Las participaciones en el capital en entidades, con o sin cotización en mercados organizados, que cumplan las condiciones legalmente establecidas.
- La vivienda habitual del contribuyente, con un importe máximo de 300.000 euros.
- Los valores propiedad de no residentes que produzcan rendimientos de capital mobiliario exentos de tributación en el Impuesto sobre la Renta de no Residentes.
- Los bienes y derechos que forman parte del patrimonio protegido de una persona con discapacidad.

5.1.4. Sujeto pasivo

Artículos 5 a 8 LIP.

Tendrán la consideración de sujetos pasivos del impuesto:

- Por obligación personal, las personas físicas que tengan su residencia habitual en territorio español.

Deberán tributar por la totalidad de su patrimonio neto, con independencia del lugar en que esté situado (patrimonio mundial).

Cuando un residente en territorio español pase a tener su residencia en otro país, podrá optar por seguir tributando por obligación personal en España.

- Por obligación real, cualquier persona física no residente, por los bienes y derechos de que sea titular, cuando estén situados, puedan ejercitarse o hayan de cumplirse en territorio español.

La residencia habitual se determinará siguiendo los criterios establecidos en la normativa del IRPF.

Los bienes y derechos se atribuirán a los sujetos pasivos según las normas de titularidad jurídica aplicables en cada caso y en función de las pruebas aportadas por los mismos o descubiertas por la Administración.

Serán de aplicación las normas sobre titularidad jurídica contenidas en los regímenes económicos matrimoniales y en los preceptos de la legislación civil aplicables a las relaciones patrimoniales entre los miembros de la familia. La titularidad de los bienes comunes a ambos cónyuges se atribuirá por mitades a cada uno de ellos, salvo que conste otra cuota de participación.

5.1.5. Esquema de liquidación del Impuesto

Cuadro 21: Esquema de liquidación del Impuesto sobre el Patrimonio

Valor del patrimonio neto del contribuyente
Base imponible
(-) Mínimo exento
Base liquidable
(x) Tarifa de tipos impositivos
Cuota íntegra
(-) Reducción por límite a la cuota íntegra conjunto con IRPF (-) Deducción por doble imposición internacional (-) Bonificación de la cuota en Ceuta y Melilla (-) Deducciones y bonificaciones autonómicas
Cuota líquida

5.1.6. Base imponible

Artículo 9 LIP.

La base imponible está constituida por el valor del patrimonio neto del sujeto pasivo, determinado por diferencia entre:

- El valor de los bienes y derechos.

- Las cargas y gravámenes de naturaleza real que disminuyan el valor de los respectivos bienes y derechos y las deudas u obligaciones personales de las que deba responder el sujeto pasivo.

No resultarán deducibles las cargas y gravámenes que correspondan a bienes exentos.

En la obligación real de contribuir solamente serán deducibles las cargas y gravámenes que afecten a los bienes y derechos situados en territorio español, así como las deudas por capitales invertidos en los mismos.

5.1.7. Normas de valoración

Artículos 10 a 27 LIP.

1. Bienes inmuebles.

Se tomará el mayor valor entre: el valor catastral, el valor comprobado por la Administración a efectos de otros tributos (ISD, ITPAJD) o el precio, contraprestación o valor de adquisición (el que figure en IVA, ITPAJD o ISD).

Los inmuebles en fase de construcción se valoran sumando el valor del solar y las cantidades invertidas (en propiedad horizontal, según participación).

En el caso de los derechos sobre bienes inmuebles si hay titularidad por parte del contribuyente (ej. propiedad a tiempo parcial), se sigue la norma general. En otro caso, según el precio de adquisición (ej. aprovechamiento por turnos de bienes turísticos).

2. Patrimonio empresarial o profesional.

Se valorará según las normas del IRPF: por el valor resultante de la contabilidad, por la diferencia entre el activo real y el pasivo exigible, salvo los bienes inmuebles que no sean propiedad de empresas inmobiliarias, que se valorarán según las reglas aplicables a los mismos.

3. Depósitos bancarios.

Se tomará el mayor valor del saldo a 31 de diciembre o el saldo medio ponderado del último trimestre del año.

4. Valores mobiliarios.

Para los valores de renta fija o variable que coticen en bolsa o en mercados organizados se tomará el valor de negociación o cotización media del último trimestre del año. En el caso de los valores de renta fija sin cotización, se tenderá en cuenta su valor nominal. Para los valores de renta variable sin cotización, si el último balance de la entidad ha sido auditado, se valorarán por el valor teórico.

En caso contrario, por el mayor de los valores siguientes: el nominal, el teórico según el último balance aprobado o el resultado de capitalizar al 20 por ciento el promedio de beneficios de los 3 últimos ejercicios.

5. Seguros de vida y rentas temporales o vitalicias.
Se aplicará su valor de rescate o capitalización a 31 de diciembre.

6. Objetos de arte y antigüedades, elementos del ajuar doméstico no exentos.
Se tomará su valor de mercado a 31 de diciembre.

7.Derechos derivados de la propiedad intelectual o industrial adquiridos a terceros:
Se valorarán por su valor de adquisición.

8. Valoración de derechos reales.
Se aplicarán las normas establecidas en el ITP y AJD.

9. Concesiones administrativas.
Se aplicarán las reglas de valoración del ITP y AJD.

10. Opciones contractuales.
Se tomará el mayor entre el precio convenido o el 5 por ciento de valor del contrato.

11. Otros bienes o derechos de contenido económico.
Se valorarán por su valor de mercado a 31 de diciembre.

12. Deudas.
Se valorarán por su valor nominal a 31 de diciembre, siempre que se justifiquen documentalmente.

5.1.8. Base liquidable

Artículo 28 LIP.

La base imponible se reducirá, en concepto de mínimo exento, en el importe que haya sido aprobado por la Comunidad Autónoma.

En caso de que la Comunidad Autónoma no regule el mínimo exento, se reducirá en 700.000 euros.

5.1.9. Cuota íntegra

Artículos 30 y 31 LIP.

La cuota íntegra será el resultado de aplicar a la base liquidable la tarifa de tipos impositivos aprobada por la Comunidad Autónoma.

En el caso de que la Comunidad Autónoma no haya aprobado la tarifa de tipos impositivos, se aplicará la tarifa de tipos impositivos regulada en el artículo 30.2 de la LIP

La cuota íntegra del IP, conjuntamente con la del IRPF, no puede exceder del 60 por ciento de la suma de base imponibles del IRPF. En caso de que exceda, se reducirá de la cuota íntegra del IP, sin que la reducción exceda del 80 por ciento de su importe.

5.1.10. Cuota líquida

Artículos 32 y 33 LIP.

De la cuota íntegra se aplicarán las siguientes deducciones:

a) Deducción por doble imposición internacional, para los sujetos pasivos por obligación personal de contribuir, cuando incluyan en su base imponible bienes o derechos situados en el extranjero y sometidos a gravamen por un impuesto de naturaleza análoga al IP. Será la menor de las dos cantidades siguientes:

- El importe efectivo del impuesto pagado en el extranjero.
- El resultado de aplicar el tipo medio efectivo del impuesto a la parte de la base liquidable gravada en el extranjero.

b) Bonificación por bienes y derechos en Ceuta y Melilla: el 75 por ciento de la parte de la cuota integra correspondiente a los mismos.

La bonificación no será de aplicación a los no residentes en dichas ciudades, salvo por lo que se refiera a valores representativos del capital social de entidades jurídicas domiciliadas y con objeto social en las citadas ciudades, o cuando se trate de establecimientos permanentes situados en las mismas.

c) Las aprobadas por las respectivas CA.

5.1.11. Devengo del impuesto

Artículo 29 LIP.

El Impuesto se devengará el 31 de diciembre de cada año y afectará al patrimonio del cual sea titular el sujeto pasivo en dicha fecha.

5.2. El Impuesto Temporal de Solidaridad de las Grandes Fortunas

5.2.1. Normativa aplicable

Artículo 3 de la Ley 38/2022, de 27 de diciembre.

5.2.2. Naturaleza, objeto y ámbito de aplicación

Es un tributo de carácter directo, naturaleza personal y complementario del Impuesto sobre el Patrimonio, que grava el patrimonio neto de las personas físicas de cuantía superior a 3.000.000 de euros. El patrimonio neto de la persona física es el conjunto de bienes y derechos de contenido económico de que sea titular, con deducción de las cargas y gravámenes que disminuyan su valor, así como de las deudas y obligaciones personales de las que deba responder.

Se aplicará en todo el territorio español, sin perjuicio de los regímenes tributarios forales de Concierto y Convenio Económico vigentes en los Territorios Históricos del País Vasco y en la Comunidad Foral de Navarra, respectivamente, y de lo dispuesto en los Tratados o Convenios internacionales que hayan pasado a formar parte del ordenamiento interno. Se trata de un impuesto que no podrá ser objeto de cesión a las Comunidades Autónomas de régimen común, aunque constituye un impuesto concertado de normativa autónoma en las de régimen foral.

5.2.3. Hecho imponible y exenciones

El hecho imponible del impuesto es la titularidad por el sujeto pasivo, en el momento del devengo, de un patrimonio neto superior a 3.000.000 de euros.

Estarán exentos de tributación los bienes y derechos que se encuentren exentos en el Impuesto sobre el Patrimonio.

5.2.4. Devengo del impuesto

El impuesto se devengará el 31 de diciembre de cada año, afectando al patrimonio neto del que sea titular el sujeto pasivo en dicha fecha.

5.2.5. Sujeto pasivo

Son sujetos pasivos de este impuesto, y en los mismos términos, los que lo sean del Impuesto sobre el Patrimonio.

5.2.6. Base imponible y liquidable. La cuota íntegra

La base imponible estará constituida por el valor del patrimonio neto del sujeto pasivo. En su determinación se aplicarán las mismas normas que en el Impuesto sobre el Patrimonio.La base liquidable será el resultado de aplicar en la base imponible una reducción de 700.000 euros en concepto de mínimo exento.

La cuota íntegra será el resultado de aplicar a la base liquidable la tarifa de tipos impositivos regulada en el punto 11 de este artículo 3 de la ley 38/2022, de 27 de diciembre.

Cuadro 22: Tarifa de tipos impositivos

B.L. hasta	Cuota Íntegra	Resto B.L. hasta	Tipo aplicable
0,00	0	3.000.000	0,0
3.000.000	0,0	2.347.998,03	1,7
5.347.998,03	39.915,97	5.347.998,03	2,1
10.695.996,06	152.223,93	En adelante	3,5

La cuota íntegra del Impuesto Temporal de Solidaridad de las Grandes Fortunas, conjuntamente con las cuotas del Impuesto sobre la Renta de las Personas Físicas y del Impuesto sobre el Patrimonio, no podrá exceder, para los sujetos pasivos sometidos al impuesto por obligación personal, del 60 por 100 de la suma de las bases imponibles del IRPF.

En caso de exceso reducirá la cuota de este impuesto hasta alcanzar el límite indicado, sin que la reducción pueda exceder del 80 por 100.

5.2.7. Cuota líquida

De la cuota íntegra se aplicarán las siguientes deducciones, aplicables en los términos previstos en el Impuesto sobre el Patrimonio:

a) Deducción por doble imposición internacional.

b) Bonificación por bienes y derechos en Ceuta y Melilla.

5.2.8. Cuota a ingresar

De la cuota resutante, el sujeto pasivo podrá deducir la cuota del Impuesto sobre el Patrimonio del ejercicio efectivamente satisfecha.

5.3.1. El Impuesto sobre Sucesiones y Donaciones

5.3.1. Normativa aplicable

- Ley 29/1987, de 18 de diciembre, del Impuesto sobre Sucesiones y Donaciones (LISD).

- Ley 21/2001, de 27 de diciembre, por la que se regulan las medidas fiscales y administrativas del nuevo sistema de financiación de las Comunidades Autónomas de régimen común y Ciudades con Estatuto de Autonomía.

- Real Decreto 1.629/1991, de 8 de noviembre, por el que se regula el Reglamento del Impuesto sobre Sucesiones y Donaciones.

5.3.2. Naturaleza, objeto y ámbito de aplicación. Cesión a las Comunidades Autónomas

Artículos 1 y 2 LISD.

El ISD es un tributo directo, personal, subjetivo, progresivo e instantáneo, que grava los incrementos patrimoniales obtenidos a título lucrativo por las personas físicas

El ámbito de aplicación es todo el territorio español, sin perjuicio de los regímenes tributarios forales de Navarra y el País Vasco, y de lo dispuesto en los Tratados o Convenios Internacionales que hayan pasado a formar parte del ordenamiento interno.

El ISD un tributo totalmente cedido a las Comunidades Autónomas, incluyendo las competencias para su gestión.

En lo que se refiere al alcance de la cesión, se extiende al rendimiento del impuesto obtenido en cada Comunidad Autónoma en función de los siguientes puntos de conexión:

- Transmisiones mortis causa y cantidades percibidas por beneficiarios de seguros de vida que se acumulen a la porción hereditaria del beneficiario, el lugar donde el causante tenga su residencia habitual en el momento de devengo del impuesto, que será el lugar donde haya permanecido un mayor número de días en los cinco años anteriores al devengo del impuesto.

- Donaciones de bienes inmuebles, el lugar donde radiquen.

- Resto de donaciones, la residencia habitual del donatario, de acuerdo con las mismas reglas aplicables en las transmisiones mortis causa.

En cuanto a las competencias normativas autonómicas, abarcarán la aplicación de reducciones en la base imponible, la aprobación de las tarifas de tipos impositivos y los coeficientes aplicables en función del patrimonio preexistente del contribuyente, y la aplicación de deducciones y bonificaciones en la cuota impositiva.

5.3.3. Hecho imponible y supuestos de no sujeción

Artículos 3 y 4 LISD.

Constituyen el hecho imponible del impuesto:

a) La adquisición de bienes y derechos por herencia, legado o cualquier otro título sucesorio.

b) La adquisición de bienes y derechos por donación o cualquier otro negocio jurídico a título lucrativo *inter vivos.*

c) La percepción de cantidades por los beneficiarios de seguros de vida, cuando el contratante sea persona distinta del beneficiario, salvo los expresamente regulados en el artículo 17.2 de la LIRPF (prestaciones derivadas de contratos concertados con mutualidades de previsión social).

Un mismo incremento de patrimonio no podrá ser gravado por el ISD y el IRPF simultáneamente.

No estarán sujetas a tributación:

- Las adquisiciones lucrativas obtenidas por las personas jurídicas, que tributarán en el IS.

- Los premios obtenidos en juegos autorizados.

- Los premios e indemnizaciones exonerados en el IRPF.

- Las subvenciones, becas, premios y ayudas que se concedan por instituciones públicas o privadas con fines benéficos, docentes, culturales, deportivos o de acción social.

- Las percepciones derivadas de contratos de trabajo, aunque se satisfagan a través de un contrato de seguro.

- Las prestaciones recibidas por beneficiarios de planes y fondos de pensiones o sistemas de previsión social alternativos, siempre que se integren en la base imponible del IRPF del perceptor.

- Las cantidades percibidas por un acreedor como beneficiario de un contrato de seguro de vida celebrado con el objeto de garantizar el pago de la deuda.

5.3.4. Sujeto pasivo

Artículos 5 a 8 LISD.

Tendrán la consideración de sujeto pasivo del impuesto las siguientes personas físicas:

a) En las adquisiciones *mortis causa*, el causahabiente, heredero o legatario.

b) En las donaciones y trasmisiones lucrativas *inter vivos* similares, el donatario o favorecido por ellas.

c) En los seguros de vida, los beneficiarios.

A los contribuyentes que tengan su residencia habitual en territorio español se les exigirá el impuesto por obligación personal, con independencia del lugar donde se encuentren situados los bienes o derechos que integren el incremento patrimonial gravado.

A los contribuyentes que no tengan su residencia habitual en territorio español se les exigirá el impuesto por los bienes o derechos que estuviesen situados, pudieran ejercitarse o hubieran de cumplirse en territorio español, y por las percepciones de contratos de seguros de vida realizados con entidades aseguradoras españolas o concertados en España con entidades aseguradoras extranjeras.

La residencia se determinará aplicando las normas del IRPF.

5.3.5. Determinación de base imponible

Artículos 9 a 19 LISD.

Estará constituida por el importe neto (valor real de los bienes y derechos, minorado por las cargas y deudas deducibles) de la adquisición lucrativa gravada:

a) En las transmisiones *mortis causa*, el valor neto de la adquisición individual de cada causahabiente.

b) En las transmisiones lucrativas *inter vivos*, el valor neto de los bienes y derechos adquiridos

c) En las percepciones de contratos de seguros de vida: cantidad percibida por el beneficiario. Cuando el causante de la herencia sea el contratante del seguro, el impuesto se liquidará acumulando su importe al resto de bienes y derechos que integren la porción hereditaria del beneficiario.

Reglas de determinación de la base imponible:

a) Transmisiones lucrativas *inter vivos*.

Valor real de los bienes y derechos recibidos, menos las cargas y deudas (los gastos no son deducibles).

Se presume que forman parte de una única donación todos los bienes recibidos por un donatario de un mismo donante en un plazo de 3 años a contar desde la primera donación.

b) Seguros de vida.

Cantidad percibida por el beneficiario.

Si el beneficiario del seguro es el cónyuge supérstite y el seguro se contrató con cargo a bienes de la sociedad de gananciales, solamente se tributará por la mitad de la cantidad recibida.

c) Transmisiones *mortis causa* por legado.

Valor real de los bienes y derechos recibidos por el legatario, menos cargas, deudas y gastos deducibles.

d) Transmisiones *mortis causa* por herencia.

La base imponble estará constituida por la participación individual de cada causahabiente en la herencia. En su determinación se siguen las siguientes fases:

Fase 1: Cálculo de la masa hereditaria bruta. Estará constituida por el valor real de los bienes y derechos del causante en el momento de devengo del impuesto, de los que habrá que descontar la liquidación de la sociedad conyugal de gananciales si procede.

A este valor es necesario adicionar una serie de bienes que se presume que forma parte de la base imponible, como por ejemplo los bienes propiedad del causante un año antes de su fallecimiento y que estuvieran en poder de un heredero, para evitar que se retiren de la herencia con el fin de eludir el pago del impuesto, y el 3 por ciento de caudal relicto, salvo prueba fehaciente de que su valor sea diferente, en concepto de ajuar doméstico.

Fase 2: Determinación de la masa hereditaria neta. Se obtendrá restando de la masa hereditaria bruta el conjunto de gastos y cargas que recaigan sobre bienes y derechos de la herencia que disminuyan su valor: deudas del causante en el momento de la muerte, excluidas las que tenga con herederos, legatarios y familiares; gastos deducibles por enfermedad, funeral, litigios por herencia.

Cuadro 23: Esquema de liquidación del ISD en las transmisiones mortis causa

Valor real de los bienes y derechos del causante
(-) Liquidación de la sociedad de gananciales (+) Adición de bienes (+) Ajuar doméstico
Masa hereditaria bruta
(-) Cargas, deudas y gastos deducibles
Masa hereditaria neta. Base imponible
(-) Reducciones aplicables
Base liquidable
(x) Tarifa de tipos impositivos
Cuota íntegra
(x) Coeficientes multiplicadores
Cuota tributaria
(-) Deducción por doble imposición internacional (-) Bonificación de la cuota en Ceuta y Melilla (-) Bonificaciones autonómicas
Cuota a ingresar

5.3.6. Determinación de la base liquidable

Artículo 20 LISD.

Será el resultado de aplicar a la base imponible las reducciones aprobadas por cada Comunidad Autónoma para cada una de las modalidades del hecho imponible del impuesto. En su defecto, se aplicarán las reducciones aprobadas con carácter general en la LISD.

a) En el caso de las donaciones, con carácter general, no hay reducciones en la base imponible, salvo en la adquisición por el cónyuge o descendientes de empresas individuales, negocios profesionales o participaciones en entidades que cumplan los requisitos para estar exentos del IP.

b) En los seguros de vida se aplicará una reducción del 100 por ciento, con el límite de 9.195,49 euros, cuando el beneficiario sea el cónyuge, ascendiente, descendiente, adoptante o adoptado del contratante.

c) En el caso de las transmisiones *mortis causa,* se aplicará una reducción general en función del parentesco del causante con el beneficiario de la transmisión, para la que se distingurá entre cuatro grupos de contribuyentes:

- Grupo 1, que incluye a los descendientes y adoptados menores de 21 años.

- Grupo 2, formado por descendientes y adoptados mayores de 21 años, cónyuges, ascendientes y adoptantes.

- Grupo 3, colaterales de 2º y 3er grado (hermanos, tíos y sobrinos), ascendientes y descendientes por afinidad.

- Grupo 4, otros casos, colaterales de 4º grado, grados más distantes y extraños.

Adicionalmente, se aplicrará una reducción en el caso de causahabientes con minusvalía.

En las transmisiones de empresas individuales, negocios profesionales o participaciones en entidades que cumplan los requisitos para estar exentos del IP, se aplicará una reducción del 95 por ciento de su valor

En la adquisición por parte del cónyuge, descendientes o adoptados del cusante de bienes que formen parte del patrimonio histórico, se aplicará una reducción del 95 por ciento de su valor de adquisición.

Finlamente, se aplicará una reducción del 95 por ciento del valor de adquisición, con el límite de 122.606,47 euros por cada sujeto pasivo, en la adquisición de la vivienda habitual del causante por parte de su cónyuge, ascendientes o descendientes, o colaterlaes mayores de 65 años, que hubieran convivido con él en los dos años anteriores al fallecimiento.

5.3.7. Determinación de la deuda tributaria

Artículo 21 a 23 bis LISD.

La cuota íntegra será el resultado de aplicar a la base liquidable la tarifa de tipos impositivos aprobada por la Comunidad Autónoma. En el caso de que esta no haya aprobado la tarifa de tipos impositivos, se aplicará la tarifa de tipos impositivos del artículo 21.2 de la LISD

La cuota tributaria se obtiene aplicando a la cuota íntegra un coeficiente multiplicador en función del grado de parentesco y del patrimonio preexistente del beneficiario aprobado por la Comunidad Autónoma.

En el caso de que la Comunidad Autónoma no haya aprobado la tarifa de coeficientes multiplicadores, se aplicará la tarifa de coeficientes multiplicadores del artículo 22.2 de la LISD.

La cuota a ingresar será el resultado de aplicar la deducción por doble imposición internacional y la bonificación de la cuota en Ceuta y Melilla, recogidas en los artículos 23 y 23 bis LISD, y las deducciones y bonificaciones aprobadas por la Comunidad Autónoma.

6. Introducción a la imposición empresarial. El IS

6.1. Normativa aplicable

La normativa básica del Impuesto sobre Sociedades (IS) está constituida por la Ley 27/2014, de 27 de noviembre, del impuesto sobre sociedades (LIS) y por el. Real Decreto 634/2015, de 10 de julio, por el que se aprueba el Reglamento del Impuesto de Sociedades (RIS),

6.2. Naturaleza, objeto, ámbito de aplicación y hecho imponible

Artículos 1 a 6 LIS.

El Impuesto sobre Sociedades es un impuesto directo, de naturaleza personal, y periódico, que grava la renta obtenida por las sociedades y otras entidades con personalidad jurídica, con independencia de su fuente u origen.

El ámbito de aplicación del impuesto es todo el territorio español, con independencia de lo establecido en los regímenes forales del País Vasco y Navarra y en los Convenios Internacionales, especialmente en lo que se refiere a los Convenios de Doble Imposición, firmados por España que tengan incidencia en el mismo.

El artículo 4.1 de la LIS establece que el hecho imponible del impuesto es la obtención de renta por el contribuyente, cualquiera que sea su fuente u origen, por lo que los contribuyentes residentes en España deberán tributar por todas sus rentas mundiales, es decir, tanto por las rentas obtenidas en España como en el extranjero.

6.3. Sujeto pasivo y exenciones

Artículos 7 a 9 y 109 a 11 LIS.

Serán contribuyentes del impuesto, con carácter general, las personas jurídicas residentes en territorio español.

Sin embargo, las sociedades civiles que no tengan objeto mercantil, salvo las agrarias de transformación, aunque posean personalidad jurídica, no son contribuyentes del impuesto y existen una serie de entidades carentes de personalidad jurídica que tienen atribuida la condición de contribuyente.

Tendrán la consideración de residentes en territorio español las sociedades en las que concurra alguno de los siguientes requisitos:

- Estar constituida conforme a las leyes españolas.
- Tener el domicilio social en territorio español.
- Tener la sede de dirección efectiva en territorio español. Se entiende cumplido este requisito cuando radique en territorio español la dirección y control del conjunto de las actividades de la entidad.

Las entidades residentes en España tendrán su domicilio fiscal en el lugar donde radique la sede de su dirección efectiva.

Estarán totalmente exentas de tributación toda una serie de entidades con personalidad jurídica, entre las que destacan el Estado, las Comunidades Autónomas, las Entidades Locales y el resto de entes que forman parte del sector público administrativo.

Estarán parcialmente exentas de tributación las entidades sin ánimo de lucro a las que resulta de aplicación el régimen fiscal regulado en la Ley 49/2002, de 23 de diciembre, y toda una serie de entidades reguladas en los artículos 109 a 111 de la LIS.

6.4. Período impositivo y devengo del impuesto

Artículos 28 y 29 LIS.

El período impositivo coincidirá con el ejercicio económico de la entidad, sin que pueda superar los 12 meses. El devengo del impuesto se producirá el último día del período impositivo y el plazo para presentar la declaración serán los 25 días siguientes a los 6 meses de la conclusión del período impositivo.

6.5. La base imponible

Artículos 10 y 11 LIS.

El artículo 10 de la LIS establece que a base imponible estará constituida por el importe de la renta obtenida en el periodo impositivo, minorada por la compensación de bases imponibles negativas de periodos impositivos anteriores.

Con carácter general la base imponible se determinará por el método de estimación directa.

A este respecto, el artículo 10.4 de la LIS regula que, en el método de estimación directa, la base imponible se calculará, corrigiendo, mediante la aplicación de los preceptos establecidos en esta ley, el resultado contable determinado de acuerdo con las normas previstas en el Código de Comercio, en las demás leyes relativas a dicha determinación y en las disposiciones que se dicten en desarrollo de las citadas normas.

Por tanto, a partir del resultado contable de la entidad, la base imponible se obtendrá corrigiéndolo con los ajustes establecidos en la propia LIS.

Si un gasto contabilizado no es fiscalmente deducible, o un ingreso es mayor que el registrado en la contabilidad, el contribuyente deberá realizar un ajuste positivo, incrementando su base imponible.

Por el contrario, cuando la LIS regule que el gasto fiscalmente deducible es mayor que el que se ha contabilizado, o que el ingreso es menor que el registrado contablemente, el contribuyente realizará un ajuste negativo reduciendo su base imponible en el importe correspondiente.

Finalmente, cuando el resultado contable y el fiscal coincidan, no procederá efectuar ajuste extracontable alguno.

La LIS establece que, salvo las excepciones contempladas en la misma, ningún gasto podrá ser considerado como deducible a efectos fiscales con anterioridad a su imputación en la cuenta de pérdidas y ganancias o en una cuenta de reservas.

6.6. Estructura de la liquidación del impuesto

La liquidación del Impuesto se Sociedades sigue los pasos recogidos en el esquema siguiente.

Cuadro 24: Esquema de liquidación del IS

Resultado contable antes de impuestos
(+/-) Ajustes extracontables
Base imponible previa
(-) Reducciones de la base imponible (-) Compensación de bases imponibles negativas de ejercicios anteriores
Base imponible
(X) Tipo de gravamen
Cuota íntegra
(-) Deducciones por doble imposición (-) Bonificaciones
Cuota íntegra ajustada
(-) Deducciones por incentivos
Cuota líquida
(-) Retenciones e ingresos a cuenta (-) Pagos a cuenta
Cuota diferencial

6.7. Correcciones de valor: amortizaciones

Las reglas relativas a las amortizaciones se encuentran recogidas en los artículos 12 de la LIS y del 3 al 7 del RIS.

El artículo 12.1 de la LIS establece que tendrán la consideración de gasto fiscalmente deducible las cantidades que, en concepto de amortización del inmovilizado material, intangible y de las inversiones inmobiliarias, correspondan a la depreciación efectiva que sufran los distintos elementos por funcionamiento, uso, disfrute u obsolescencia.

Por tanto, la LIS está exigiendo como requisito de deducibilidad de la amortización que la depreciación sea efectiva, entendiendo que tal depreciación es efectiva cuando se practique conforme a alguno de los métodos establecidos en la LIS y desarrollados reglamentariamente.

Para el cálculo de la amortización fiscalmente deducible deben tenerse en cuenta los siguientes requisitos:

1. Base de la amortización

La base de amortización o valor a amortizar de los distintos elementos de inmovilizado estará constituida por el precio de adquisición o coste de producción de los mismos, excluido en su caso el valor residual, y el del suelo en el caso de las edificaciones.

2. Período de amortización

El artículo 3.3 del RIS regula que los elementos patrimoniales del inmovilizado material e inversiones inmobiliarias empezarán a amortizarse desde su puesta en condiciones de funcionamiento y los del inmovilizado intangible desde el momento en que estén en condiciones de producir ingresos.

Este mismo artículo establece que el período en que la amortización resultará fiscalmente deducible concluirá al final de la vida útil del activo que a su vez dependerá del método de amortización elegido.

3. Métodos de amortización

El artículo 12 de la LIS regula que la amortización cumple el principio de depreciación efectiva cuando corresponde a la aplicación de uno de los siguientes métodos:

a) Amortización según tabla

Este método consiste en aplicar sobre la base de amortización el coeficiente de amortización lineal determinado a partir de la Tabla de Amortización Oficial recogida en el artículo 12.1 letra a) de la LIS.

En caso de que el elemento no tuviera asignado un coeficiente específico, se utilizarán los coeficientes de aplicación de “otros elementos” que aparece al final de la tabla.

La tabla no fija un coeficiente de amortización lineal único para cada elemento patrimonial, sino un coeficiente máximo y un período máximo de amortización.

El coeficiente máximo determina el importe de amortización máxima que tendrá la consideración de fiscalmente deducible en cada ejercicio. A partir de él se determina el período mínimo de amortización, es decir, el número mínimo de años en que se va a amortizar el activo:

Periodo mínimo = 100 / Coeficiente lineal máximo

Por ejemplo, un activo que tiene asignado un coeficiente máximo de amortización del 20% anual tardará en amortizarse 5 años.

El período máximo determina la vida útil máxima del elemento, no resultado fiscalmente deducibles las amortizaciones que se practiquen fuera del mismo. A partir del período máximo se obtiene el coeficiente mínimo de amortización, el porcentaje mínimo al que debe amortizarse anualmente para que quede totalmente amortizado al concluir su vida útil fiscal:

Coeficiente mínimo = 100 / Periodo de años máximo

Por ejemplo, si un elemento de inmovilizado tiene asignado en la tabla un periodo de años máximo de 10 años, el coeficiente mínimo de amortización anual será del 10%.

La amortización responderá a la depreciación efectiva del elemento de inmovilizado cuando se obtenga aplicando cualquier coeficiente situado entre el máximo y el mínimo de la TAO (artículo 4.1 RIS).

No resultará fiscalmente deducible la amortización contabilizada que exceda de la obtenida mediante la aplicación del coeficiente máximo de la tabla, debiendo realizarse el correspondiente ajuste extracontable.

En caso de que la amortización contabilizada se sitúe por debajo de la mínima, solamente resultará deducible la contabilizada por la aplicación del principio de inscripción contable: no resultará fiscalmente deducible un gasto que previamente no haya sido imputado a la cuenta de pérdidas y ganancias.

Finalmente, la nromativa prevee un procedimiento de aplicación especial de la amortización según talas en el caso de elementos utilizados en más de un turno de trabajo y en el de bienes inmovilizado adquiridos usados.

b) Amortización degresvia según porcentaje constante

Es un sistema variable de amortización, que consiste en aplicar un porcentaje constante sobre el valor del bien pendiente de amortizar, que se emplea cuando se considera que el elemento va a sufrir una mayor depreciación en los primeros años de vida útil. El importe de la amortización se va reduciendo a medida que pasa el tiempo.

Los sistemas de amortización degresiva no será aplicables a la amortización de edificios, mobiliario y enseres.

El período de amortización debe estar comprendido entre el máximo y el mínimo de la TAO. Los artículos 12.1.b de la LIS y 5 del RIS determinan que el porcentaje constante a utilizar se determinará aplicando al coeficiente de amortización lineal que corresponda en función del período de amortización por los siguientes coeficientes:

- 1,5 si el elemento patrimonial tiene un periodo de amortización inferior a cinco años.
- 2 si el elemento patrimonial tiene un periodo de amortización igual o superior a cinco e inferior a 8 años.
- 2,5 si el elemento patrimonial tiene un periodo de amortización igual o superior a ocho años.

El articulo 12.1 b de la LIS establece que el porcentaje constante no podrá ser inferior al 11% y que los edificios, mobiliario y enseres no podrán acogerse a este sistema de amortización.

La amortización anual se obtendrá aplicando el porcentaje constante sobre el valor pendiente de amortizar al comienzo del ejercicio y el artículo 5 del RIS indica que el importe pendiente de amortizar en el periodo impositivo en que se produzca la conclusión de la vida útil se amortizará en dicho periodo impositivo.

c) Amortización degresiva por el métido de suma de dígitos

Los artículos 12.1.c de la LIS y 6 del RIS regulan que la cuota de amortización calculada según este sistema se corresponde con la depreciación efectiva del elemento patrimonial cuando se obtiene por la aplicación del siguiente procedimiento:

- El periodo de amortización debe ser elegido entre el periodo máximo y el mínimo de la TAO.

- Se obtiene la suma de los dígitos de los años en los que se va a producir la amortización mediante la adición de los valores numéricos asignados a los años en que se haya de amortizar el bien.

- Se calcula la cuota por digito, dividiendo el valor amortizable del bien entre la suma de dígitos.

- Finalmente, se determina la cuota de amortización correspondiente a cada ejercicio multiplicando la cuota por el valor numérico correspondiente a cada periodo aplicado inversamente.

d) Amortizacion según plan

El artículo 12 de la LIS y el 7 del RIS, establecen que las sociedades pueden proponer a La Administración Tributaria un plan para la amortización de los elementos patrimoniales del inmovilizado material, intangible o inversiones inmobiliarias, cuando entiendan que la depreciación efectiva de estos elementos no se corresponde con la que resulte de la aplicación de los anteriores métodos de amortización desarrollados.

Una vez aporbado el plan por la Administración Tributaria, se considera que las cuotas de amortización calculadas en aplicación del mismo se corresponden con la depreciación efectiva de los elementos de inmovilizado a los que resulte de aplicación.

e) Amortización por depreciación efectiva probada por el contribuyente

El último método de amortización consiste en deducir en concepto de gasto de amortización la depreciación efectiva del elemento patrimonial, siempre y cuando el importe esté justificado con una prueba de la misma por parte del contribuyente. Se trata de un sistema de amortización variable, ya que la cuota de amortización anual se irá modificando en función de la depreciación del elemento patrimonial durante cada periodo impositivo.

4. Amortización del inmovilizado intangible

El artículo 12.1 de la LIS establece que los sistemas de amortización regulados para el inmovilizado material resultarán de aplicación al inmovilizado intangible que aparezcan recogidos en la TAO: sistemas y programas informáticos y producciones cinematográficas, fonográficas, videos y series audiovisuales.

Por otra parte, el artículo 12.2 de la LIS regula que:

"El inmovilizado intangible se amortizará atendiendo a su vida útil. Cuando la misma no pueda estimarse de manera fiable, la amortización será deducible con el límite anual máximo de la veinteava parte de su importe".

5. Libertad de amortización

Por último, los artículos 12.3 y 101.4 de la LIS, este último aplicable únicamente a las empresas de reducida dimensión, contemplan distintos casos de amortización acelerada y de libertad de amortización.

Estos sistemas configuran un régimen especial dentro del IS, ya que permiten deducir como gasto, de forma libre o acelerada, el valor de adquisición de ciertos activos. Como resultado de la libertad de amortización, la sociedad puede deducir fiscalmente lo que considere oportuno, sin tener en cuenta la depreciación efectiva de los elementos de inmovilizado. En el caso de la amortización acelerada, el incentivo fiscal consiste en la aplicación de coeficientes de amortización más elevados de los previstos con carácter general para el cálculo de la depreciación efectiva de los elementos de inmovilizado.

Entre estos supuestos destaca la posibilidad de amortizar libremente los elementos de inmovilizado material adquiridos nuevos, siempre que su valor unitario no exceda de 300 euros, con el límite global de 25.000 euros por período impositivo.

Cuadro 25: Tabla de Amortización Oficial

Tipo de elemento		Coeficiente lineal máximo	Período máximo años
Obra civil	Obra Civil general	2%	100
	Pavimentos	6%	34
	Infraestructuras y obras mineras	7%	30
Centrales	Centrales hidráulicas	2%	100
	Centrales nucleares	3%	60
	Centrales de carbón	4%	50
	Centrales renovables	7%	30
	Otras centrales	5%	40
Edificios	Edificios industriales	3%	68
	Terrenos dedicados exclusivamente a escombreras	4%	50
	Almacenes y depósitos (gaseosos, líquidos y sólidos)	7%	30
	Edificios comerciales, administrativos, de servicios y viviendas	2%	100
Instalaciones	Subestaciones. Redes de transporte y distribución de energía	5%	40
	Cables	7%	30
	Resto instalaciones	10%	20
	Maquinaria	12%	18
	Edificios médicos y asimilados	15%	14
Elementos de transporte	Locomotoras, vagones y equipos de tracción	8%	25
	Buques, aeronaves	10%	20
	Elementos de transporte interno	10%	20
	Elementos de transporte externo	16%	14
	Autocamiones	20%	10
Mobiliario y enseres	Mobiliario	10%	20
	Lencería	25%	8
	Cristalería	50%	4
	Útiles y herramientas	25%	8
	Moldes, matrices y modelos	33%	6
	Otros enseres	15%	14
Equipos electrónicos e informáticos. Sistemas y programas	Equipos electrónicos	20%	10
	Equipos para procesos de información	25%	8
	Sistemas y programas informáticos	33%	6
	Producciones cinematográficas, fonográficas, videos y series audiovisuales	33%	6
	Otros elementos	10%	20

6.8. Otras correcciones valorativas contenidas en la LIS

Artículos 13 a 16 LIS.

1. Pérdidas por deterioro de valor de elementos patrimoniales

El deterioro de valor es la expresión contable de las correcciones de valor motivadas por las pérdidas debidas al deterioro de los elementos del activo, tanto corriente como no corriente.

La LIS es una norma especialmente restrictiva en esta materia, ya que su artículo 13 establece que no tendrán la consideración de fiscalmente deducibles los gastos contabilizados en concepto de pérdidas por deterioro de los elementos de inmovilizado material, inversiones inmobiliarias e inmovilizado intangible, de los valores representativos de la participación en el capital o en los fondos propios de entidades residentes y no residentes, y de los valores representativos de deuda.

Sin embargo, tendrán la consideración de gasto fiscalmente deducible las siguientes pérdidas por deterioro de valor:

1. Las dotaciones contabilizadas en concepto de deterioro de existencias.

2. Las pérdidas por deterioro de créditos derivadas de la posible insolvencia de deudores, siempre que concurra uno de los requisitos siguientes:

- Que hayan transcurrido seis meses desde el vencimiento de la obligación.
- Que el deudor esté declarado en situación de concurso o procesado por el delito de alzamiento de bienes.
- Que las obligaciones hayan sido reclamadas judicialmente o sean objeto de un litigio judicial o procedimiento arbitral de cuya solución dependa su cobro.

Aunque se cumplan los requisitos anteriores, no tendrán la consideración de fiscalmente deducibles las pérdidas por deterioro de los siguientes créditos:

- Los adeudados por entidades de derecho público, excepto que sean objeto de un procedimiento arbitral o judicial que verse sobre su existencia o cuantía.
- Los adeudados por personas o entidades vinculadas, salvo que estén en situación de concurso y se haya producido la apertura de la fase de liquidación por el juez.
- Los que correspondan a estimaciones globales del riesgo de insolvencias de clientes y deudores, aunque la LIS sí permite, como excepción, la deducción de dotaciones globales por insolvencias a las entidades de reducida dimensión (art. 104 de la LIS), hasta el límite del 1 por ciento sobre los deudores existentes a la conclusión del periodo impositivo.

2. Provisiones

Las provisiones constituyen pasivos que representan obligaciones. expresas o tácitas, claramente especificadas en cuanto a su naturaleza, pero que, en la fecha del cierre del ejercicio, no están determinadas en cuanto a su importe exacto o a la fecha en que se producirán.

Con carácter general, no tendrán la consideración de gasto fiscalmente deducible los siguientes gastos contables vinculados a provisiones:

A) Los derivados de obligaciones implícitas o tácitas (se derivan del comportamiento de la empresa en el pasado o políticas de empresa de dominio público).

B) Los concernientes a los costes de cumplimiento de contratos que excedan a los beneficios económicos que se esperan recibir de los mismos.

C) Los derivados de reestructuraciones, excepto si se refieren a obligaciones legales o contractuales y no meramente tácitas.

D) Los relativos al riesgo de devoluciones de ventas.

E) Los de personal que se correspondan con pagos basados en instrumentos de patrimonio, utilizados como fórmula de retribución a los empleados, y se satisfagan en efectivo.

F) Los gastos por provisiones y fondos internos para la cobertura de contingencias idénticas o análogas a las de un plan de pensiones.

G) Los gastos relativos a retribuciones a largo plazo al personal mediante sistemas de aportación definida o prestación definida.

Tendrán la consideración de fiscalmente deducibles:

A) Las contribuciones de los promotores de planes de pensiones, así como las realizadas a planes de previsión social empresarial.

B) Las que se correspondan con actuaciones medioambientales, realizadas conforme a un plan propuesto y aprobado por la Administración.

C) Las provisiones técnicas de las entidades aseguradoras y de sociedades de garantía recíproca.

D) Las destinadas a la obertura de riesgos derivados de garantías de reparación y revisión, así como gastos accesorios por devoluciones de ventas, hasta el importe necesario para determinar un saldo de la provisión no superior al resultado de aplicar a las ventas con garantías vivas a la conclusión del período impositivo el porcentaje determinado por la proporción en que se hubieran hallado los gastos realizados para hacer frente a las garantías habidas en el período impositivo y en los dos anteriores en relación a las ventas con garantías realizadas en dichos períodos impositivos.

3. Gastos no deducibles fiscalmente

El artículo 15 de la LIS establece que no tendrán la consideración de fiscalmente deducibles los siguientes gastos:

a) Los que supongan retribución de fondos propios, incluidas las retribuciones de préstamos participativos intra-grupo.

b) Los derivados de la contabilización del IS, que no tendrán la consideración ni de gasto ni de ingreso.

c) Los derivados de multas y sanciones penales y administrativas (las multas contractuales sí serán deducibles). Los recargos del periodo ejecutivo y el recargo por declaración extemporánea sin requerimiento previo.

d) Las pérdidas en el juego.

e) Los donativos o liberalidades. No se consideran como tales y, por tanto, sí son deducibles:

- Los gastos por relaciones públicas con clientes y proveedores, con el límite del 1 por ciento del importe de la cifra de negocios del periodo impositivo.
- Los que se realicen con el personal de la empresa de acuerdo con los usos y costumbres.
- Los de promoción directa o indirecta de las ventas y de servicios.
- Los correlacionados con los ingresos.
- Las retribuciones a los administradores por el desempeño de funciones de alta dirección, u otras funciones derivadas de un contrato de carácter laboral con la entidad.

f) Los gastos de actuaciones contrarias al ordenamiento jurídico.

g) Los gastos de servicios correspondientes a operaciones realizadas, directa o indirectamente, con personas o entidades residentes en países o territorios calificados reglamentariamente por su carácter de paraísos fiscales, o que se paguen a través de personas o entidades residentes en los mismos, excepto que el contribuyente pruebe que el gasto devengado responde a una operación o transacción efectivamente realizada.

h) Los gastos financieros devengados en el periodo impositivo, derivados de deudas con entidades del grupo, destinadas a la adquisición, a otras entidades del grupo, de participaciones en el capital o fondos propios de cualquier tipo de entidades, o a la realización de aportaciones en el capital o fondos propios de otras entidades del grupo, salvo que el contribuyente acredite que existen motivos económicos válidos para la realización de dichas operaciones.

i) Los gastos derivados de la extinción de la relación laboral o de la relación mercantil, o de ambas, por retribuciones de los administradores y miembros de los consejos de administración, de las juntas que hagan sus veces y demás miembros de órganos representativos, aunque se satisfagan en varios períodos impositivos, que excedan, para cada perceptor, del mayor de los siguientes importes:

- 1 millón de euros.
- El importe establecido con carácter obligatorio en el Estatuto de los Trabajadores (ET).

j) Las pérdidas por deterioro de los valores representativos de la participación en el capital o en los fondos propios de entidades, bajo ciertos supuestos.

k) Las disminuciones de valor originadas por aplicación del criterio del valor razonable correspondientes a valores representativos de las participaciones en el capital o en los fondos propios de entidades que se imputen a la cuenta de Pérdidas y Ganancias.

l) La deuda tributaria del Impuesto sobre Transmisiones Patrimoniales y Actos Jurídicos Documentados, modalidad Actos Jurídicos Documentados, documentos notariales, bajo ciertos supuestos.

m) Los que sean objeto de la deducción establecida en el artículo 38 bis de la LIS, deducción por inversiones realizadas por las autoridades portuarias, incluidos los correspondientes a la amortización de los activos cuya inversión haya generado el derecho a la mencionada deducción.

4. Limitación a la deducibilidad de los gastos financieros

Los gastos financieros netos serán deducibles con el límite del 30 % del beneficio operativo del ejercicio.

En todo caso, serán considerados fiscalmente deducibles los gastos financieros netos del periodo impositivo hasta el importe de 1.000.000 de euros.

6.9. Exenciones para evitar la doble imposición

Artículo 21 y 22 LIS.

Los artículos 21 y 22 de la LIS recogen unos supuestos de exención, aplicables a los dividendos o participaciones en beneficios percibidos y a los beneficios obtenidos en la transmisión de participaciones, tanto de entidades españolas como de extranjeras, así como de las rentas obtenidas en el extranjero a través de un establecimiento permanente, con la finalidad de evitar la doble imposición de los mismos.

Estas exenciones son incompatibles con la aplicación de las deducciones de la cuota del impuesto en concepto de doble imposición internacional reguladas en los artículos 31 y 32 de la LIS.

1. Exención de dividendos y transmisión de acciones

Con carácter general, estarán exentas de tributación el 95 por ciento de las rentas procedentes de dividendos y transmisión de acciones y participaciones de entidades residentes y no residentes en territorio español, cuando se cumplan los siguientes requisitos:

- Que el porcentaje de participación, directa o indirecta, en el capital o los fondos propios de la entidad sea al menos del 5 por ciento.
- Que la participación se haya mantenido de forma ininterrumpida al menos durante un año antes del momento en que sea exigible el

beneficio que se distribuye, o que se mantenga posteriormente hasta alcanzar el año.
- Si la entidad participada no es residente en territorio español, que haya estado sujeta y no exenta a tributación en un impuesto de naturaleza análoga al IS español a un tipo nominal no inferior al 10% en el ejercicio en que se hayan obtenido los beneficios que se reparten.

2. Exención de rentas obtenidas en el extranjero a través de un establecimiento permanente

Estarán exentas de tributación las rentas obtenidas en el extranjero a través de un establecimiento permanente, así como las rentas positivas derivadas de la transmisión o cese de actividad del mismo, siempre que haya estado sujeto a tributación por un impuesto de naturaleza análoga al IS español a un tipo nominal no inferior al 10 por ciento.

6.10. Reducciones de la base imponible

Artículos 23 a 25 y 105 LIS.

Los artículos 23 a 25, y 105 de la LIS recogen cuatro reducciones de la base imponible: la reducción de rentas procedentes de determinados activos intangibles (artículo 23), la correspondiente a la obra benéfico-social de cajas de ahorro y fundaciones bancarias (artículo 24), la reserva de capitalización (artículo 25) y la reserva de nivelación de bases imponibles negativas (artículo 105), esta última aplicable únicamente por las entidades que tributen en el régimen especial de empresas de reducida dimensión. Las dos primeras resultarán de aplicación tanto si la base imponible es positiva como si es negativa, y las dos últimas solamente en el caso de que la base imponible sea positiva.

La reducción de rentas procedentes de determinados activos intangibles tiene por objeto incentivar la I+D+i privada. Consistirá en una reducción del 60 por ciento de las rentas procedentes de la cesión del derecho de uso o de explotación de patentes, dibujos o modelos, planos, fórmulas o procedimientos secretos, de derechos sobre informaciones relativas a experieArtículos 29 y 30 LIS.ncias industriales, comerciales o científicas.

La reserva de capitalización pretende potenciar la capitalización empresarial. Supondrá una reducción en la base imponible del 10 por ciento del incremento neto de los fondos propios para sociedades que tributen al tipo de gravamen general y las que tributan al 30%, con el límite del 10% de la base imponible positiva del período previa a esta reducción.

El incremento de los fondos propios deberá mantenerse durante un plazo de 5 años desde el cierre del periodo impositivo al que corresponda esta reducción, salvo por la existencia de pérdidas contables de la entidad, debiendo dotarse una reserva con su importe.

La reserva de nivelación consiste en una reducción de la base imponible positiva hasta un 10 por ciento de su importe, con un límite absoluto de la minoración de 1 millón de euros. La minoración practicada se integrará en la base imponible de los períodos impositivos que concluyan en los 5 años siguientes según se vayan generando bases imponibles negativas y hasta el importe de las mismas, adicionando el remanente en su caso al finalizar dicho plazo.

6.11. Compensación de bases imponibles negativas

Artículo 26 LIS.

Las bases imponibles negativas podrán ser compensadas con las positivas de los períodos impositivos siguientes, con el límite del 70 por ciento de la base imponible positiva del ejercicio previa a la aplicación de la reserva de capitalización.

La Disposición Adicional 15ª de la LIS establece una restricción a esta compensación para empresas con importe neto de cifra de negocios (INCN) mayor o igual a 20 millones de euros en los 12 meses anteriores a la fecha en que se inicie el periodo impositivo:

a) Cuando el INCN se sitúe entre 20 y 60 millones de euros, el límite será del 50% de la base imponible positiva del ejercicio previa a la aplicación de la reserva de capitalización.

b) En el caso del que el INCN supere los 60 millones de euros, el límite será del 25 pr ciento.

En todo caso, se podrán compensar en el periodo impositivo bases imponibles negativas hasta el importe de 1 millón de euros. En caso de que el periodo impositivo fuese inferior a 12 meses, habrá que prorratear el límite de 1 millón de euros por la duración del periodo impositivo respecto a los 12 meses.

6.12. Tipos de gravamen y cuota íntegra

Artículos 29 y 30 LIS.

La cuota íntegra será el resultado de aplicar a la base imponible positiva el tipo de gravamen. Excepto en las cooperativas, cuando la base imponible sea negativa se trasladará para ser compensada en ejercicios siguientes y la cuota íntegra será cero.

Tipos de gravamen:

a) Tipo de gravamen general: 25%.

b) Tipos de gravamen especiales:

- Entidades cuyo INCN del período impositivo inmediato anterior < 1 millón de euros, siempre que no sean entidades patrimoniales: 23%
- Entidades de nueva creación que inicien actividades económicas y no sean entidades patrimoniales: 15% en el primer periodo impositivo en que la base imponible resulte positiva y en el siguiente, excepto si deben tributar a un tipo inferior
- Sociedades cooperativas fiscalmente protegidas: 20%, resultados extra-cooperativos a tipo general.
- Cooperativas de crédito y cajas rurales: 25%, resultados extra-cooperativos 30%
- Entidades sin fines lucrativos recogidas en la Ley 49/2002: 10%
- Otras entidades con exención parcial: 20%
- Sociedades de inversión de capital variable (SICAV), fondos de inversión, sociedades y fondos de inversión inmobiliaria (todas con ciertos requisitos), fondo de regulación del mercado hipotecario: 1%
- Fondos de pensiones: 0%
- Entidades de crédito y de exploración, investigación y explotación de hidrocarburos: 30%
- Entidades Zona Especial Canaria 4%

6.13. Deducciones de la cuota íntegra: la cuota líquida

Artículos 31 a 39 LIS.

La cuota líquida será el resultado de practicar las deducciones establecidas sobre la cuota íntegra positiva, con el límite conjunto del importe de esta. Existen tres grupos de deducciones:

- Las deducciones por doble imposición internacional.
- Las bonificaciones.
- Las deducciones para incentivar determinadas actividades.

El artículo 39.1 de la LIS establece que las deducciones para incentivar determinadas actividades se aplicarán después de las deducciones por doble imposición internacional y de las bonificaciones (sobre la denominada cuota íntegra ajustada positiva).

La aplicación del conjunto de deducciones no puede generar una cuota líquida negativa.

Las deducciones para evitar la doble imposición internacional tienen un límite para las empresas cuyo INCN sea superior a 20 millones de euros en los doce meses anteriores a la fecha en que se inicie el periodo impositivo del 50 por ciento de la cuota íntegra.

Las deducciones para incentivar la realización de determinadas actividades, no puede superar el 25 por ciento de la cuota íntegra minorada en las deducciones para evitar la doble imposición internacional y en las bonificaciones. Este límite se eleva hasta el 50 por ciento cuando el importe de las deducciones por actividades de I+D+i y por inversiones en producciones cinematográficas, series audiovisuales y espectáculos en vivo de artes escénicas y musicales, que corresponda a gastos e inversiones efectuadas en el propio periodo impositivo, exceda del 10 % de la cuota íntegra del ejercicio, minorada en las deducciones para evitar la doble imposición internacional y las bonificaciones.

Cuando una deducción no pueda ser aplicada en el ejercicio se trasladarán a ejercicios futuros las deducciones por doble imposición internacional y las destinadas a incentivar determinadas actividades, éstas últimas con el límite temporal de15 años, con carácter general, y de 18 años, en el caso de la deducción por actividades de I+D+i.

1. Deducciones por doble imposición internacional

Reguladas en los artículos 31 y 32 de la LIS, constituyen una alternativa a las exenciones de los artículos 21 y 22 analizadas anteriormente.

Deducción por impuestos soportados en el extranjero por el contribuyente.

Cuando las entidades residentes en España integren en su base imponible rentas obtenidas y gravadas en el extranjero, podrán deducir de su cuota impositiva la menor de las dos cantidades siguientes: el impuesto satisfecho en el extranjero y el importe de la cuota íntegra que tienen que pagar en España por dicha renta.

Deducción por dividendos y participaciones en beneficios obtenidas en el extranjero.

Se aplicará cuando en la base imponible de las entidades residentes en España se computen dividendos o participaciones en beneficios pagados por una entidad no residente España, siempre que la participación directa o indirecta en el capital de la misma sea de al menos del 5 por ciento y se haya mantenido de manera ininterrumpida durante el año anterior al día en que sea exigible el beneficio que se distribuya o, en su defecto que se mantenga posteriormente durante el tiempo necesario para completar un año.

El importe de la deducción será el impuesto satisfecho por la sociedad no residente por los beneficios con cargo a los que se satisfacen los dividendos, en la cuantía que corresponda a los mismos.

2. Bonificaciones

Los artículos 33 y 34 de la LIS regulan dos bonificaciones:

- Por rentas obtenidas en Ceuta y Melilla: el 50 por ciento de la cuota proporcional a las mismas.

- Por prestación de servicios públicos locales: el 99 por ciento de la cuota.

3. Deducciones para incentivar la realización de determinadas actividades

Los artículos 35 a 39 de la LIS regulan un conjunto de deducciones destinadas a incentivas la realización de determinadas actividades por las sociedades:

- Deducción por la realización de actividades de investigación, desarrollo e innovación tecnológica.
- Deducción por inversiones en producciones cinematográficas, series audiovisuales y espectáculos en vivo de artes escénicas y musicales.
- Deducciones por creación de empleo.
- Deducción por inversiones realizadas por las autoridades portuarias.
- Deducción por contribuciones empresariales a sistemas de previsión social empresarial.

6.14. Tributación mínima

Artículo 30 bis LIS.

Las entidades con un INCN superior a 20 millones de euros en los últimos 12 meses y los grupos de sociedades en tributación consolidada tendrán una tributación mínima del 15 por ciento de la base imponible. En todo caso, siempre podrán aplicar las deducciones por doble imposición internacional y las bonificaciones de la cuota, aunque su resultado sea inferior a la tributación mínima.

6.15. La cuota diferencial

Artículos 40 y 41 LIS.

Será el resultado de minorar la cuta líquida en el importe de las retenciones, ingresos a cuenta y pagos a cuenta soportados por la entidad en el período impositivo.

Anexo. La Estimación Objetiva

Primera fase

Determinación del rendimiento neto previo, será la suma de las cuantías correspondientes a los signos o módulos previstos para la actividad.

RNP = nº unidades de módulos x rendimiento neto anual por unidad

Módulos:

a) Perosnal no asaliariado: empresario, cónyuge e hijos menores que convivan con él y trabajen al menos 1.880 horas en la actividad (en caso de que trabajen un menor número de horas se prorratea) y no tengan contrato.

Se computará como una persona no asalariado al empresario. En los supuestos en que pueda acreditar una dedicación inferior a 1.800 horas al año por causas objetivas se comptará el tiempo efectivo dedicado a la actividad. En estos supuestos, para la cuantificación de las tareas de dirección y organización de la actividad, se computará al emresario en 0,25 personas año.

El personal no asalariado con un grado de discapacidad igual o superior al 33% se computará al 75%.

Si el titular de la actividad computa por entero y no hay más de un asalariado, el cónyuge e hijos menores computan al 50%. Esta reducción se practicará, en su caso, después d ehaber aplicado la reducción correspondiente por discapacidad.

b) Personal asalariado: cuqluier otra que trabaje en la actividad, incluyen al cónyuge e hijos menores del titular que conviva con él siempre que tengan contrato laboral, estén afiliados a la Seguridad Social y trabajem habitualmente y con continuidad en la actividad empresarial.

No se computarán como personas asalariadas los alumnos de formación profesional específica que realicen el módulo obligatiro de formación en centros de trabajo.

Se computará como una persona asalariada a la que trabaje el número de horas aunales por trabajador fijado en el convenio colectivo correspondienteo, en su defecto, 1.800 horas al año. Cuando el número de horas trabajadas sea inferior o superior se realizará el prorrateo correspondiente.

Se computará en un 60% el personal no asalariado menor de 19 años y al que preste sus servicios bajo un contrato de aprendizaje o de formación.

El personal asalariado con un grado de discapacidad igual o superior al 33% se computará al 40%. Ambas reducciones son incompatibles entre sí.

c) Otros módulos: superficie del local, consumo de energía eléctrica, potencia eléctrica contratada, plazas, mesas, superficie de horno, longitud de barra, carga de vehículo, etc.

Segunda fase

Determinación del rendimiento neto minorado, será el resultado de minorar el rendimiento neto previo en el importe de los incentivos I empleo (incremento empleo y tramos) y en el importe de los incentivos a la inversión (amortización).

RNM = RNP –minoración incentivos empleo –minoración incetivos inversión

Minoración por incentivos al empleo

Consta de dos coeficientes:

a) Coeficiente por incremento del número de pesronas asalariadas

Se aplica en función del incremento del empleo del ejercicio respecto al ejercicio anterior. Es necesario que se produzca un incremento en el número de asalariados y en el número de unidades de modulo de personal asalariado.

Cuando la diferencia en el número de unidades de módulo de personal asalariado sea positiva, a ésta se le aplicará el coeficiente de 0,40.

Coeficiente Δ personas asariadas = Δ número de unidades de personal asalariado por 0,40

b) Coeficiente por tramos

A cada uno de los tramos del número de unidades del módulo de personal asalariado se le aplicarán los coeficientes de la siguiente tabla. A estos efectos, no se tendrán en cuenta las unidades de módulo que hayan dado lugar a la aplicación del coeficiente por incrementeo de personas asalariadas.

Coeficiente por tramos = Coeficiente x nº unidades de módulo en cada tramo

Cuadro 26: Coeficientes por tramos de módulo de personal asalariado

Tramo módulo PA	Coeficiente
Hasta 1,00	0,10
Entre 1,01 y 3,00	0,15
Entre 3,01 y 5,00	0,20
Entre 5,01 y 8,00	0,25
Más de 8,00	0,30

La minoración por incentivos al empleo se obtendrá multiplicando la suma de los dos coeficientes anteriores por el rendimiento anual por unidad antes de amortización correspondiente al personal asalariado.

Coeficiente de minoración = Coeficiente Δ personas asariadas + Coeficiente por tramos

Minoración por incentivos al empleo = Coeficiente de minoración x Rendimiento anual por unidad del módulo PA

Minoración por incentivos a la inversión

Como incentivos a la inversión serán deducibles las cantidades dotadas en concepto de amortización del inmovilizado material e intangible que resulte de su depreciación efectiva, que se calculará linealmente, aplicando cualquier coweficiente entre el máximo y el mínimo de la siguiente tabla:

Cuadro 27: Coeficientes de amortización

Grupo	Elemento patrimonial	Coeficiente lineal máximo	Período máximo de amortiz.
1	Edificios y otras construcciones	5	40
2	Útiles, herramientas y equipos para el tratamiento de la información y sistemas y programas informáticos	40	5
5	Elementos de transporte y resto de inmovilizado material	25	8
6	Inmovilizado intangible	15	10

En el caso de las edificaciones, no será edificable la parte del precio de adquisición correspondiente al valor del suelo. Cuadno esté no se conozca, se calculará prorrateando el precio de adquisción entre los valores catastrales del suelo y de la construcción en el año de adquisición.

Los elementos de inmovilizado material adquiridos nuevos, puestos a disponsición del contribuyente en el ejercicio, cuyo valor unitario no exceda de 601,01 euros, podrán amortizarse libremente, hasta el límite de 3.005,06 euros anuales.

Tercera fase

Determinación del rendimiento neto de módulos, aplicando al rendimiento neto minorado los índices correctores que conrrespondan: generales, especiales, para empresas de reducida dimensión, de temporada, de exceso, de nuevas actividades.

RN de Módulos = RNM x Índices correctores

Incompatibilidades entre índices

No se aplicará el índice corrector para empresas de reducida dimensión (b.1) a las actividades a las que les resulten de aplicación los índices correctores especiales (a.2), (a.3) y (a.4).

Cuando resulte de aplicación el índice corrector para empresas de reducida dimensión (b.1) no se aplicará el índice corrector del exceso (b.3).

a) Índices correctores especiales aplicables a determinadas actividades

a.1) Actividad de comerdio al por menor de prensa, revistas y libros en quioscos situados en la vía pública.

Se aplicarán los siguientes índices, en función de la ubicación de los quioscos. Cuando se ejerza la actividad en varios municipios, se aplicará el correspondiene al municipio de mayor población.

Cuadro 28: Índices correctores aplicables a quioscos situados en la vía pública

Ubicación de los quioscos	Indice
Madrid y Barcelona	1,00
Municipios de más de 100.000 habitantes	0,95
Resto de municipios	0,80

a.2) Actividad de transporte por autotaxi

Se aplicará el índice que corresponda en función del municipio en que se desarrolla la actividad. Cuando se ejerza la actividad en varios municipios, se aplicará el correspondiene al municipio de mayor población.

Cuadro 29: Índices correctores aplicables a la actividad de transporte por autotaxi

Población del municipio	Indice
Hasta 2.000 hab.	0,75
De 2.001 hasta 10.000 hab.	0,80
De 10.001 hasta 50.000 hab.	0,85
De 50.001 hatas 100.000 hab.	0,90
Más de 100.000 hab.	1,00

a.3) Actividad de transporte urbano colectivo y de viajeros por carretera

Cuando el titular disponga de un solo vehículo se aplicará un índice corrector de 0,80.

a.4) Actividades de transporte de mercancías por carretera y servicios de mudanzas

Si el titular dispone de un solo vehículo se aplicará un índice corrector de 0,80.

Si la actividad se realiza con tractocamiones y el titular carece de semirremolques, se aplicará un índice corrector de 0,90.

Cuando la actividad se relice con un único camión y el titular carezca de semirremolques, se aplicará un índice corrector de 0,75.

b) Índices correctores generales, aplicables a cualquier actividad en la que concurran las circunstancias señaladas.

b.1) Índice corrector para empresas de reducida dimensión

Se aplicará cuando concurran todas las circunstancias siguientes:

Que el titular sea persona física.

Que no disponga de personal asalariado

Que realice la actividad en un único local.

Que no disponga de más de un vehículo afecto a la actividad y que éste no supere los 1.000 Kilogramos de carga.

Cuando se ejerza la actividad en varios municipios, se aplicará el correspondiene al municipio de mayor población.

Cuando concurran las circunstancias anteriores, pero se ejerza la actividad con personal asalariado, hasta dos trabajadores, se aplicará un índice de 0,90 con independencia de la población del municipio donde radique la actividad.

Cuadro 30: Índices correctores para empresas de reducida dimensión

Población del municipio	Indice
Hasta 2.000 hab.	0,70
De 2.001 hasta 5.000 hab.	0,75
Más de 5.000 hab.	0,80

b.2) Índice corrector de temporada

Se aplicará en las actividades que tengan la consideración de actividades de temporada, en función de la duración de la misma.

Se consideran actividades de temporada aquelas que habitualmente solo se desarrollen durante ciertos días al año, continuos o alternos, siempre que el total no exceda de 180 días por año.

Cuadro 31: Índices correctores para actividades de temporada

Duración de la temporada	Indice
Hasta 60 días	1,50
De 61 a 120 días	1,35
De 121 a 180 días	1,25

b.3) Índice corrector del exceso

Cuando el rendimiento neto minorado o, en su caso, rectificado por la aplicación de los índices anteriores, supere las cuantías recogidas en la Orden de Módulos, al exceso sobre dichas cuantías se le aplicará el índice de 1,30.

b.4) Índice corrector por inicio de nuevas actividades

Será de aplicación por el contribuyente que inicie una nueva actividad a partir del 1 de enero de 2022, cuando concurran las siguientes circunstancias:

Que no se trate de actividades de temporada.

Que la actividad no se haya ejercido anterirmente bajo otra titularidad o calificación.

Que se realicen en un local o estalbecimiento dedicado exclusivamente al desarrollo de dicha actividad, con total separación del resto de actividades empresariales o profesionales que realice el contribuyente.

Durante los dos primeros ejercicios de actividad se aplicarán los siguientes índices correctores:

Cuadro 32: Índices correctores por inicio de actiividad

Ejercicio	Indice
Primero	0,80
Segundo	0,90

Cuando el contribuyente sea una persona con discapacidad, con grado igual o superior al 33%, aplicará los siguientes índices correctores:

Cuadro 33: Índices correctores por inicio de actividad por contribuyentes con discapacidad

Ejercicio	Indice
Primero	0,60
Segundo	0,70

Cuarta fase

Determinación del rendimiento neto de la actividad, que será el resultado de minorar el rendimiento neto de módulos en la reducción general del 5%, el importe de los gastos extraordinarios, si los hubiera, ajenos al desarrollo de la actividad, y de añadir otras percepciones empresariales como subvenciones.

RN de la actividad = RN de Módulos – Reducción General – Gastos extraordinarios + Otras percepciones empreariales